호우시절

KB141134

호우시절

백정우 네 번째 영화이야기

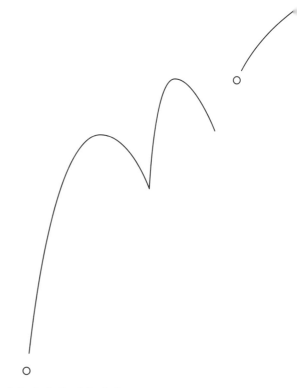

기술적이고 예술적이며 마술적인
영화 속 비의 풍경

피서산장
감성을 깨우는 도서출판

비가 바람에게 말했습니다.
"너는 밀어붙여, 나는 퍼부을 테니."

_ 로버트 프로스트, '쓰러져 있다' 중에서

비, 내리다

비가 세차게 내리던 날이었다. 베토벤 피아노 소나타 17번 〈템페스트〉를 걸었다. 알프레드 브렌델의 연주다. 자타가 공인하는 이 곡의 명연주 중 하나. 미셸 드빌의 영화 〈책 읽어주는 여자〉에도 브렌델의 연주가 담겼다. 태풍이 왔다면 펠릭스 아요가 이끄는 이 무지치의 비발디 〈사계〉 중 '여름 3악장 프레스토'를 떠올렸을 것이다. 어쨌든 〈템페스트〉다. 이 정도면 마음에 격랑을 일으키기 충분하다. 먹구름이 먼 곳으로부터 더 가까이 내게 다가왔다.

비를 좋아한다. 엄밀히 말해 흐린 날씨를 좋아한다. 그렇다고 내가 음산한 인간이라는 생각을 해본 적은 없다. 비를 맞은 후 축축한 기분을 말리는 난로 앞의 온기가 좋다. 어느 여름, 소백산에서 흠뻑 비를 맞고 하산해 찾아 들어간 풍기읍 내

허름한 여관방 아랫목에서 몸을 녹일 때 온몸을 감싼 솜이불의 뽀송뽀송한 느낌을 잊지 못한다.

비 오는 날이면 영화관을 자주 찾았다. 1980년대는 개봉관과 재개봉관 그리고 동시상영관이 공존한 시대였고, 나도 이따금 동시상영관을 찾곤 했다. 주로 비 오는 날이었다. 동시상영관에서 상영하는 영화는 낡은 스크린과 재개봉관을 순회하는 동안 마모된 필름으로 인해 비 오는 것처럼 보이기 일쑤였다. 게다가 두 편을 연이어 상영해야 하니 과감하게 잘라낸 반쪽짜리 영화가 태반이었다. 화면에 비가 얼마나 왔느냐가 영화관의 질을 가늠하는 시대였다. 그러니까 나는 비 오는 날 영화관에 갔고, 종종 스크린에 비가 내렸으며, 그게 아니면 밖으로 나왔을 때 비를 만났다는 얘기다.

비가 내리는 건 특별할 것 없는 기후 현상이다. 흐린 날이거나 장마철이나 태풍이 오는 9월에 비가 내리는 건 당연한 일이다. 그러나 영화로 오면 얘기가 달라진다. 분위기와 정서가 변하며 인물과 경관이 바뀐다. 비가 오는 장면에 극적인 상황이나 쉽사리 잊지 못할 삽화를 얹는 이유는 비가 지닌 고유성 때문일 것이다. 눈보다 짙은 물성, 이를테면 눈과 달리 비는 비정하고 차가운 느낌으로 극적 리얼리티를 디자인하기 수월하다. 때론 서글프고 처연한 분위기를 만든다. 눈이 따뜻한 서정과 낭만을 자아낸다면 비는 냉기 가득한 비정과 처연함과 서글픈 정조로 매개된다. 눈 오는 밤의 살육전보다 비와 함께 움직이는 복수극이 압도적인 이유다.

비 오는 쇼트로 장식하는 오프닝(들). 예컨대 〈라쇼몽〉에서 세 남자가 허물어져 가는 산문에 쭈그려 앉아 진실이 사라진 세상을 탄식할 때, 〈더 록〉에서 험멜 장군이 아내 묘지를 찾아 비석 위에 훈장을 올려놓을 때, 〈접속〉에서 피카디리극장의 광장 바닥을 훑은 카메라가 입구에 멈춰 막 영화를 보고 나온 전도연과 한석규가 나란히 선 모습을 포착할 때, 〈일대종사〉에서 엽문이 수십 명의 상대와 겨루며 수직과 수평을 이야기할 때, 〈역린〉에서 모반의 무리가 궁궐 지붕을 타고 내려올 때, 〈사도〉에서 사도세자가 관을 열고 나와 칼을 들고 영조의 침전으로 향할 때, 비는 진즉부터 내리고 있었다. 그러니까 비는 영화의 오프닝에서 내렸고 극의 전환점에서 내렸으며 대미를 장식하는 장엄한 도구로 사용되었다.

내가 비 오는 풍경에 매혹당한 건 정반대 분위기의 영화 때문이다. 빗속의 살육전으로 대미를 장식하던 〈7인의 사무라이〉와 안온하고 평화로운 정조가 가득한 〈박사가 사랑한 수식〉. 많은 촬영감독이 비 오는 쇼트의 바이블로 삼는 샘 멘데스의 〈로드 투 퍼디션〉에서 톰 행크스가 자신의 보스 폴 뉴먼을 살해하는 시퀀스도 내 마음을 사로잡았다. 〈로드 투 퍼디션〉에서 비는 모든 서사를 이끌어가는 전지전능한 존재다. 즉 아버지가 살인청부업자라는 사실을 알게 된 것도, 이들 부자가 보스에게 복수하는 것도 모두 비 오는 밤에 벌어진 일이다. 촬영감독 콘래드 홀이 역광을 이용해 찍은 비 오는 밤의 복수극은 전 세계 영화 스태프들에게 비 내리는 쇼트는 어떻게 찍어야 하는지 알려주었고, 이 분야의 레퍼런스가 되었다.

문제는 비 오는 신을 촬영할 때마다 비를 기다릴 수 없다는 데 있다. 비 내리길 기다리는 동안 배우의 짜증은 늘어가고 스태프는 지치며, 제작자는 늘어나는 제작비로 머리를 쥐어뜯고 있을 테니까. 그래서 인공강우에 의존하는 경우가 다반사다. 그렇다면 강우기나 소화전을 이용해 찍는 비와 자연 비는 어떻게 다를까. 비 내리는 날씨의 대부분은 짙은 먹구름이 가득하거나 최소한 어두운 회색인 데 반해 왜 어떤 영화의 비 오는 장면은 그렇지 않을까. 심지어 어떤 장면은 왜 맑은 하늘이기까지 할까. 비와 관련한 의문의 시작이었다. 조명과 기후와 다양한 특수효과를 알지 않고서는 해결될 일이 아니었다.

이 책은 영화에서 비가 어떻게 내리고, 어떻게 보여주었으며, 하필 그때 왜 비가 내려야 했는지 탐색한 추적의 기록이다. 예컨대 비 내리는 장면을 어떻게 연출했는지, 비는 어떤 정서를 담아내는지, 비 오는 장면 한 쇼트를 위해 얼마나 많은 노고가 더해졌는지, 혹은 어떤 감독은 왜 영화마다 비 내리는 장면을 넣는지 등을 망라한다. 비 오는 장면이 만들어진 앞과 뒤의 다소 은밀하고 한정적인 이야기를 비평적 시선으로 직조했다. 말하자면 비가 오는 장면에서 보여준 촬영기술과 감독의 미학적 시선을 동시에 탐색하면서 그 결과로 스크린에 펼쳐

9

진 마술 같은 풍경을 언급하고 싶었다. 비와 영화에 관한 느슨한 비평서로 읽어도 좋을 것이다.

엮은 방식은 이렇다. 책은 크게 3개의 챕터와 6개 섹션을 45개 꼭지로 구성했다. 1부는 비 내리는 장면으로 최고의 미장센을 만든 5명의 감독을 선정해 그들의 개별 작품을 4개씩 탐색했다. 구로사와 아키라, 왕가위, 봉준호, 샘 멘데스, 임상수가 그 주인공이다. 구로사와 아키라의 〈8월의 광시곡〉을 보지 않고 비 내리는 장면을 얘기해선 안 된다. 샤오장이 빗물 가득한 골목길을 지나 황궁여관으로 후아 아가씨를 만나러 가는 왕가위의 〈에로스〉는 숨 막히는 관능이 무엇인지 보여준다. 나는 한국영화 중 최고의 비 오는 장면으로 임상수의 〈오래된 정원〉에서 지진희와 염정아가 이별하는 갈뫼 버스정류장 신을 꼽는다. 김우형의 카메라가 만든 빼어난 쇼트다. 2부에서는 비 내리는 장면이 인상적인 한국, 일본, 대만, 서구영화를 각 3편씩 선정해 리뷰와 함께 풀었다. 〈우묵배미의 사랑〉에서 〈쓰리 타임즈〉를 거쳐 〈비포 더 레인〉까지 빗물 영롱한 영화들을 촘촘하게 만날 것이다. 3부는 비가 만들어낸 독특한 정서를 다룬다. 예컨대 비가 내리지 않았거나, 불길함을 예고하거나, 따뜻함을 안겨주거나. 이 주제에 맞춰 6개 섹션으로 나누고 해당 영화를 언급했다. 〈그린파파야 향기〉와 〈첩혈가두〉, 〈사도〉, 〈이웃집 토토로〉 등의 작품에서 내리는 멋진 비를 만나게 될 것이다.

봉준호 감독은 인터뷰를 할 때마다 돈에 대한 예의를

지키고 싶다는 말을 종종 한다. 투자자의 피 같은 돈으로 영화를 찍는 것이니 허투루 쓰지 않겠다는 다짐이다. 나 역시 매번 책을 낼 때마다 출판사에 체면치레해야겠다는 생각으로 가득하다. 자기도취에 가득한 문자 배열 놀음에 빠져 종이를 낭비하는 일은 하지 말자고 다짐했다. 그러면서도 좋은 편집자를 만나 좋은 책이 만들어지길 간구한다. 운 좋게도 눈 밝은 편집자를 만난 덕에 세상의 빛을 보게 되었다. 바라기는 이 책을 읽은 독자들이 영화 관람 당시의 감흥과 충격을 소환할 수 있기를, 그리하여 다시 한번 영화와의 밀회를 꿈꾸게 된다면 더할 나위 없는 보람일 것이다.

거친 원고를 다듬어준 편집자에게 고마움을 전한다. 선뜻 받기 쉽지 않은 원고에 기꺼이 손 내밀어준 피서산장 박상욱 대표와 이향숙 편집장에게 특별한 감사를 전한다. 어느 곳에서나 응원과 격려로 마음 보태준 모든 분들에게 고마움 담은 우정의 인사를 건넨다.

2022년 여름 마지막 날
거제 지세포에서

CONTENTS

빗물 영롱한 영화들

CHAPTER 3 · 비와 함께한 영화적 풍경들

베트남 영화와 어긋난 기억 • 229

그때, 비가 내리지 않았다면 • 239

CHAPTER 1

비를 사랑한 감독들

구로사와 아키라의 하늘

천둥이 치고
비가 퍼붓는다 해도
변하지 않는 세상에서

구로사와 아키라는 소학교 졸업식에서 형이 써준 반항적 문구 대신 자기가 작성한 답사를 읽는다. 스스로 자신을 '겁쟁이'라고 부르는 삽화의 시작이다. 화가로 살고 싶었으나 열아홉 살에 프롤레타리아 예술운동에 가담하면서 문학과 음악, 영화를 탐닉한다. 프롤레타리아 미술연구소에 나가며 정치활동에도 관심을 갖지만, 경솔하고 난폭하다는 이유로 이내 포기한다. 러시아 문학에 심취한 네 살 터울 형 헤이고의 영향을 받아 도스토옙스키를 탐닉하고(먼저 빠진 건 투르게네프다) 나쓰메 소세키와 셰익스피어까지 닥치는 대로 섭렵한다.

열네 살에 겪은 관동대지진은 구로사와의 인생관을 바꿔놓았다. 그때부터 자연의 무서운 위력과 인간이 품은 마음의 기이함에 대해 깊이 생각하기 시작한다. 동시에 사람의 근본에 대해 회의를 갖게 된다. 관동대지진 당시, 동네 우물에 쓰인 수상한 기호를 보고 동네 어른들은 조선인이 독을 푼 것이라 믿었다. 이를 보면서 구로사와는 인간에 대해 고개를 갸우뚱하지 않을 수 없었다고 술회한다. 그 기호는 구로사와 자신이 쓴 낙서였다고 자백하면서.

아사쿠사에 있는 유명 영화관 다이쇼칸의 대표 변사로 활약하던 형 헤이고의 자살은 구로사와의 인생을 송두리째 바꿔놓는다. 심지어 소식이 끊겼던 큰 형의 병사 사건으로 구로사와는 상남이 된다. 부모님을 안심시키기 위해 낙지는 대로 미술 관련 일을 하던 그는 1936년 P.C.L(사진화학연구소로 도호영화사의 전신이다)에서 조감독을 모집한다는 공고를 보고 영화계로 들어간다. 시험은 논문 제출이었고, 논제는 '일본 영화의 근본적인 결함을 예시하고, 그 교정 방법에 대해 논하라'였다. 하지만 구로사와는 근본적 결함은 교정이 불가능하다고 믿는 사람이었다. 그렇게 그는 영화인이 되었다.

구로사와는 바뀌지 않는 세상에 대해 절망한 사람이었다. 1910년생인 그는 메이지(明治) 시대를 산 부모에게서 태어나 다이쇼(大正)와 쇼와(昭和) 시대를 모두 겪었다. 관동대지진과 제1차·2차 세계대전을 경험했고, 위로 두 형의 비극적인 죽음을 목도했다. 그 파란만장한 세월과 시대가 지나갔어도 세상은 크게 변하지 않았다고, 나 또한 거기에 일조한 비겁쟁이였다고 말하는 이가 구로사와 아키라다. 구로사와의 영화엔 자연과 기후가 빠지지 않는데 이는 우연이 아니다.

셰익스피어 희곡에서 자주 등장하는 기후를 이용한 상징은 주인공의 심리를 강화하고 극적인 상황을 효과적으로 표현하기 위한 수단이다. 셰익스피어에 심취한 구로사와 아키라 역시 더위, 비, 폭풍, 바람 등의 날씨를 의도적으로 이용했다. 그의 영화 전반에 기후는 중요한 기제로 작용한다. 〈들개〉와 〈라쇼몽〉에는 더위와 억수같이 퍼붓는 비가 등장하고 〈7인의 사무라이〉의 대미를 장식하는 건 바람과 폭우다. 〈8월의 광시곡〉 엔딩에 거짓말처럼 내리던 그 무시무시한 빗줄기와 〈거미의 성〉의 안개와 〈요짐보〉와 〈스가타 산시로〉를 견인하는 바람까지.

〈라쇼몽〉 1950
뭐가 진실인지 모르겠어

전쟁과 돌풍, 기근과 지진 심지어 도적떼까지 들끓는 세상보다 더 무서운 건 인간에 대한 신뢰가 사라지는 것이라고 말하는 스님. 그는 마지막에 가서야 사람에 대한 믿음을 지킬 수 있을 것 같다고 안도한다. 스님의 신뢰에 뿌듯한 미소를 띤 채 아이를 안고 라쇼몽을 떠나는 나무꾼. 억수같이 내리던 비도 그쳤다. 세상은 제자리를 찾아갈 수 있을까. 이전까지 탐욕과 거짓, 위선으로 뒤덮은 영화의 결말치고는 너무 쉽다.

직전 장면으로 돌아가서, 자신의 말이 모두 진실이라 주장하던 나무꾼은 사무라이 부인의 단도를 당신 말고 누가 훔쳤겠느냐는 스님의 추궁에 어쩔 수 없이 인정한다. 이때까지 라쇼몽 처마 밑에서 누구도 비를 맞지 않았지만, 두 사람이 비를 맞으며 진실 공방을 벌이면서 영화는 미궁의 정점을 찍는다. 구로사와 아키라는 자책과 자괴감 가득한 표정의 나무꾼과 스님을 라쇼몽 벽에 세워놓고 5개의 쇼트를 연이어 찍는다. 마치 오지 않는 고도를 기다리던 블라디미르와 에스트라공처럼.

1950년, 구로사와 아키라에게 베니스 영화제 그랑프리를 안겨준 〈라쇼몽〉은 진실이 사라진 세상에 대한 회의 가득한 이야기다. 자기변명으로 일관하는 다섯 명의 진술 속에서 진실이 뭔지 모르겠다고, 정말 모르겠다고 말하는 영화다. 진실은 재판정에 내리쬐는 태양과 라쇼몽에 억수같이 퍼붓는 빗줄기 사이에서 증발해버렸다. 타조마루는 갑자기 불어온 미풍으로 인해 이 모든 일이 벌어졌다고 말한다. 바람만 불지 않았어도 아무 일도 일어나지 않았을 거라는 얘기다. 그래서일까. 여자와 명예를 놓고 격돌하는 남자들의 거친 숨소리를 조롱하는 건 여성의 비명과 웃음소리다.

구로사와가 그리는 인물들은 싸움의 무모함을 알고 있다. 사라질 운명에 놓인 사람들이 죽을힘을 다해 싸우는 이유는 그 싸움이 피할 수 없는 것임을 알기 때문이다. 시간이 멈춘 듯 하늘은 맑고 기후변화가 거의 없는 오즈 야스지로의 영화와 달리 구로사와는 천둥과 쏟아지는 빗속에서 세상을 바꾸려다 끝내 좌절하는 인물들의 편이다. 사라져가는 세상과 도래하는 세상 사이에서 격전을 벌일 수밖에 없는 인물들. 〈라쇼몽〉에서 재판정에 선 다섯 사람 중 화면에 남는 건 결국 나무꾼과 스님이다. 그들은 억수 같은 비를 통과하고서야 그 자격을 얻었다(사무라이, 아내, 타조마루는 한 방울의 비도 맞지 않았다).

구로사와는 타조마루를 비롯한 4인의 재판정 진술에 따른 플래시백에서 각자를 외적 화면에 등장시킨다. 즉 회상신을 통해 진술자 자신을 보여준다. 훗날 시각적 시점과 인지적 시점을 구분한 제라르 주네트의 논리적 준거가 되는 장면으로, 플래시백에 화자를 등장시킴으로써 진술의 신뢰도를 높이는 효과를 얻는다.

〈라쇼몽〉의 시작부터 만나는 건 반파된 거대한 라쇼몽의 처마를 타고 떨어지는 세찬 빗줄기다. 뒤이어 깊고 울창한 숲속에 드리워진 음영. 영화는 맑은 날과 흐린 날로 구분해 촬영했다. 타조마루와 사무라이 사건이 벌어지는 맑은 날 장면은 나라의 원시림과 교토 인근 고묘지 숲에서, 흐린 날은 다이에 영화사 라쇼몽 오픈세트장에서 촬영했다. 구로사와는 다이에 영화사에 라쇼몽 오픈세트 외에 재판정 담장과 나머지는 현지 촬영으로 끝낼 거라고 말했다. 영화사 중역들은 소박한 영화가 될 거라 생각해 선뜻 수락했다. 촬영이 시작되자 한 중역은 "오픈세트가 하나인 건 맞지만, 그렇게 큰 오픈세트를 지을 거

억수같이 내리던 비도 그쳤다.
세상은 제자리를 찾아갈 수 있을까.
이전까지 탐욕과 거짓, 위선으로 뒤덮
은 영화의 결말치고는 너무 쉽다.

면 작은 거 백 개를 짓는 편이 낫다"고 푸념했다.

촬영 당시 연일 30도가 넘는 날씨로 인해 힘겨운 일정을 소화해야 했다. 촬영 시기도 여름인데, 장소 또한 무더위로 유명한 교토와 나라였다. 타조마루의 진술대로 사무라이와 그의 아내를 만난 그날도 무더웠다.

〈라쇼몽〉을 처음 본 베니스 영화제 관계자들을 태양을 마주하고 촬영한 기법에 경악했다. 영화에는 숲속 나뭇가지 사이로 하늘을 바라보는 앵글이 여러 차례 등장한다. 아마추어조차 빛을 바라보고 사진을 찍는 건 금기로 안다. 그런데 구로사와는 태양을 향해 카메라를 댔다. 인간의 허위와 위선을 전시하는 불온한 공간으로 숲속의 명암은 필수였다. 구로사와는 태양을 피하는 대신 정면으로 부딪쳐 빛과 그림자로 인간의 내면을 그렸다. 영화제 관계자들은 "최초로 카메라가 숲속으로 들어갔다"라며 극찬을 아끼지 않았다. 숲속의 빛과 그림자, 인간 마음의 미로로 들어가는 멋진 장면은 촬영감독 미야가와 가즈오의 공이다.

오프닝에서 중반을 거쳐 엔딩까지 쉬지 않고 퍼붓는 비(어떻게 저런 비가 내릴까 의심이 들 정도로)는 소방차와 촬영소 소화전을 총동원해 만들었다. 구로사와는 그야말로 하늘이 뚫린 것처럼 비가 오는 장면을 찍겠다고 마음먹었고, 그 때문에 제작부는 10톤이 넘는 물을 준비해야 했다. 〈라쇼몽〉은 1950년에 찍은 영화치고 비 내리는 장면이 선명하다. 바닥에 떨어지거나 처마를 타고 내려오는 비는 비교적 잘 보이지만 하늘에서 비가 내리는 장면을 보여주는 건 생각보다 간단치 않다. 70년 전의 기술이라면 더더욱 그렇다. 이때 필요한 것은 특수기술을 지닌 숙련된 장인들이다.

비 오는 장면을 찍는다는 건 비의 양과 빗줄기의 굵기를 어느 정도로 할 것인가에 대한 선택이다. 비 내리는 시간을 얼마나 지속할지 또 그 속에 인물을 어떻게 배치할지 정하는 일이기도 하다. 처음부터 빗줄기를 보여줘야 할 때가 있는 반면 감추었다가 인물이 스크린 가까이 도달해서야 비를 보여주는 것이 효과적일 때도 있다. 비 오는 장면을 잘 찍기로 일본 영화만 한 것이 없다. 과거 일본에는 영화사마다 특기부가 있어 감독의 의도에 따라 작품과 상황에 어울리는 비를 내리게 했다. 유독 일본 영화에 비 내리는 장면이 많은 건 우연이 아니다.

〈라쇼몽〉을 촬영할 때 날씨는 아주 맑거나 흐렸다. 공교롭게도 오픈세트에서 촬영할 때마다, 즉 비 오는 신을 찍을 때마다 번번이 날이 흐렸다. 〈라쇼몽〉의 비 내리는 장면이 대단한 건 흐린 날 인공비를 사용해 촬영했기 때문이다. 대개 영화 촬영은 무조건 맑은 날 하는 게 정설이다. 조명 장치를 사용해야 하기 때문이다. 비 오는 날은 전기 합선으로 인한 사고의 위험성이 커진다. 다시 말해 소방차든 소화전이든 살수차든 비 오는 장면조차 맑은 날 찍어야 안전하다는 얘기다. 그런데 구로사와 팀은 흐린 날(계획된 일정에 맞춰 끝내기 위해)에 비 오는 장면을 거듭 찍어야 했다.

문제는 소방차에서 뿌리는 빗줄기가 흐린 하늘과 섞여 구분이 되지 않았다. 고민 끝에 특기부가 먹물 섞은 비를 생각해냈다. 빗줄기 색깔이 선명해져 흐린 날씨에도 잘 보일 수 있도록. 동시대에 찍은 영화 속 비 오는 장면과 비교해 〈라쇼몽〉의 비가 훨씬 선명한 건 이 때문이다. 그렇다고 검은 비처럼 보이지는 않는다. 그게 기술일 테니까.

세상의 운명을 짊어진 사내들에게 하늘의 변덕스러운 기후까지 얹어버린 김독. 그래서인지 질 들뢰즈는 "구로사와 아키라는 비가 내리는 동안 자기의 이미지를 만드는 가장 위대한 영화감독"이라고 말했다. 타르코프스키는 구로사와의 영화를 보고 온 날 일기장에 '비, 하늘과 대지를 잇는 선'이라고 적었다.

〈들개〉 1949
선과 악의 갈림길에서

1949년 작 〈들개〉는 전후 일본의 혼돈을 포착한 구로사와의 초기 대표작이다. 평소 조르주 심농의 소설을 좋아했던 구로사와는 심농 풍의 서스펜스 스릴러를 기획한다. 시나리오 완성까지 단 50일이 걸렸다.

'그날은 끔찍하게 더웠다'라는 독백으로 시작하는 영

화는 권총을 소매치기당한 형사의 이야기다. 훔친 총으로 강도 살인 하는 유사. 어리숙한 신참 형사 무라카미와 피스톨 살인범 유사 둘 다 전쟁에서 귀환하는 열차 안에서 짐을 도둑맞았다. 이후 둘의 삶은 대조적이다. 무라카미는 형사가 되고 유사는 범죄자가 되었다. 구로사와는 종이 한 장 차이로 선과 악이 갈리는 시대의 모순을 잘 버무렸다.

영화는 푹푹 찌는 여름이 배경이다. 전후 일본의 피폐한 사회상을 가감 없이 보여주는 〈들개〉에서 비가 오는 장면은 종반에 등장한다. 소매치기에서 강도 살인범이 된 유사에 관한 마지막 단서를 얻는 밤. 무언가 내려도 이상하지 않을 시간에 천둥이 치더니 소나기가 내린다. 비 오는 장면은 댄서 하루미의 집과 유사가 묵은 야오이 호텔을 세트로 짓고 촬영했다. 한쪽에는 무라카미가 다른 쪽엔 선배 사토가 극을 끌고 가는데, 유사의 은신처를 알려주지 않는 하루미와 무라카미가 실랑이 벌이는 장면은 제자리를 맴돌던 서사의 반전을 이끈다. 유사가 선물한 드레스를 입고 하루미가 춤을 추는 순간(순진하지만 그릇된 욕망이 불꽃을 피울 때) 천둥이 치고 소나기가 내린다. 절망과 체념으로 진술하는 하루미 앞에 퍼붓는 빗줄기. 실내에서 촬영한 이 장면은 지붕 물받이를 타고 흘러내리는 빗줄기의 양이 소나기치고 너무 많고, 낙수 이미지마저 어설퍼 나쁜 쇼트가 돼버렸다. 그러나 이해할 만한 구석도 있다.

〈들개〉는 1949년 한여름, 도쿄 오이즈미의 촬영소에서 시작되었다. 한여름이라 일을 마쳐도 해가 떠 있어 다시 세트로 들어가 촬영해야 했다. 〈들개〉는 여러 공간을 배경으로 진행되기에 세트가 완성되면 바로 촬영에 들어갔고, 많을 때는 하루에 여섯 개 세트에서 찍기도 했다. 구로사와는 〈들개〉를 예정보다 빨리 즐겁게 작업한 영화라고 말하지만, 당시 스태프의 노고는 상상도 못 할 정도였다. 배우가 자는 동안 세트를 만들었다고 알려져 있다. 심지어 미술감독 마쓰야마는 다른 영화에도 발을 얹고 있어 촬영장에 거의 나타나지 않아 여자 조수인 무라키와가 대부분을 맡았다. 게다가 소나기 내리는 장면을 위해 소방차를 동원하고 호스로 물을 뿌릴 때 진짜 소나기가 내렸다. 맹렬하게 퍼붓는 소나기 장면은 그렇게 만들어진 것이다.

반면 사토가 찾은 유사의 은신처 야오이 호텔에 내리는 빗줄기는 하루미 집에서 본 빗줄기와 완전히 다른 형상이다. 음악이 흐르는 벨 데스크 맞은편 블라인드로 가려진 창문을 타고 비가 흘러내린다. 비보다는 눈이 내리는 것처럼 보인다. 창문에 놓인 소파 앞에는 여주인이 갓난아기를 안고 있다(이 호텔 2층 6호실에는 강도 살인범 유사가 투숙 중이다). 천둥소리가 없었다면 눈 오는 겨울 풍경이라고 해도 믿을 만큼 낭만적이고 안온하다. 그해 여름, 태풍 '키티'(태풍 키티는 일본 정부가 치밀한 수해 복구대책을 수립하게 된 계기를 만들어주었다)가 일본 열도를 강타했다. 오픈세트에서 비 오는 장면을 모두 찍은 직후 도쿄는 거짓말처럼 키티 영향권에 들어갔다. 마지막 세트 촬영 날, 태풍이 몰아치자 세트는 흔적도 없이 산산조각 나버렸다. 구로사와는 왠지 마음이 후련했다고 술회한다. 촬영을 모두 끝낸 후 벌어진 일이라 그럴 것이다.

〈들개〉에도 인간에 대한 구로사와의 회의가 담겼다. 누구나 자신의 이익을 위해 사는 것처럼, 필요에 따라 진실과 정의는 이동한다. 무라카미와 유사가 선과 악의 표상처럼 등장하지만 선이 악으로 전락하는 건 순식간이다. 무라카미는 유사를 잡아 총을 되찾고 표창도 받지만 이것으로 끝이 아니다. 세상엔 무수한 무라카미와 유사가 존재하기 때문이다. 엔딩 쇼트에서 사토는 저 지붕 아래에선 오늘도 비슷한 사건이 일어날 거라고 말한다. 그리고 선량한 몇몇 사람이 유사의 먹잇감이 될 거라고. 꿈 많은 가여운 댄서가 고가의 드레스를 포기하고 정의와 손을 잡아도, 노련한 형사가 불의의 일격으로 총상을 입어도, 필사의 육탄전 끝에 범인을 잡아도, 세상은 크게 달라지지 않을 거라는 체념. 그렇다면 변하지 않을 세상을, 저물어가는 시대를 구로사와는 어떤 얼굴로 살았을까.

〈8월의 광시곡〉 1991
보아라! 전쟁광이여

빨간 것을 그 자체로 빨갛다고 말하지 못한 채 시간을 보내고, 그것을 그 자체로 말할 수 있게 되었을 때 나는 어느새 만년이었다.

구로사와 아키라는 제2차 세계대전 당시 일본의 군국주의에 대해 무저항적 태도를 견지했다. 구로사와는 자서전에서 적극적으로 저항할 용기가 없었고 적당히 영합했음을 고백한다. 때문에 자신은 일본 군국주의와 전쟁에 관련된 일에 대해 비판할 자격이 없다고 말한다. 구로사와는 1945년 8월 15일 천황의 조칙 라디오 방송을 듣던 순간을 술회하며 일본인의 양면성에 대해 고민한다. 그러니까 천황의 패전 선언 대신 자결을 권하는 내용이었다면 자신도 동조했을 거라며, 패전 조칙을 듣고 집으로 돌아가는 사람들의 들뜨고 신난 분위기를 자아의 문제로 돌린다. 일본의 유연성과 허약성을 바탕으로 자아 문제를 들고나온 영화가 전후 첫 작품인 〈우리 청춘 후회 없다〉이다.

구로사와의 자서전 어디에도 군국주의에 대한 직설적 비판이나 전쟁에 관련한 자세한 이야기는 없다. 태평양전쟁이 시작될 때 그의 나이는 서른 살. 도호영화사의 전신인 P.C.L에서 조감독을 하며 정보국과 홍보 영화에 참여하는 등 전장 대신 촬영소에서 전쟁 시기를 보냈다. 불의를 참지 못하고 할 말은 하는 그가(영화 검열과 관련한 무수한 에피소드가 있다), 심지어 데뷔작 〈스가타 산시로〉의 내무성 심사에서 분을 삭이지 못하고 검열관을 향해 의자를 던지려 했던 그가, 비겁하다는 자기 고백

뒤에 숨어 스스로에게 면죄부를 주려 한 것일까. 그렇다고 일본이 아시아 국가들에서 행한 잔악무도한 범죄와 원자폭탄의 비극을 상쇄할 수 있다고 생각하진 않았을 것이다. 누구보다 전후 일본의 재무장과 전체주의에 대해 근심 어린 마음을 품은 구로사와였다.

1991년, 여든두 살의 구로사와는 무라타 키요코의 원작 《냄비 속》을 각색해 반핵 영화 〈8월의 광시곡〉을 만든다. 구로사와는 이미 1955년 〈산 자의 기록〉과 1990년 〈꿈〉을 통해 핵무기의 위험성을 경고한 바 있다. 세 번째 반핵 영화인 〈8월의 광시곡〉은 칸 영화제 오프닝 작으로 선정되었다.

1945년 8월 9일 11시 2분, 히로시마에 이어 나가사키에 두 번째 원자폭탄이 떨어졌다. 전쟁과 죽음이라는 단어가 먼저 떠오르고 산자가 죽은 자를 땅에 묻고 가슴에 묻은 채 살아가는 곳. 나가사키 교외의 작은 마을이 이 영화의 배경이다.

가네 할머니는 하와이에서 부자가 된 오빠의 방문 요청에도 나가사키를 떠나려 하지 않는다. 대신 아들 부부가 하와이로 가고, 가네는 손주들과 여름방학을 함께 보낸다. 얼마 후 하와이 오빠의 아들 클라크가 가네를 만나러 나가사키로 온다. 클라크는 나가사키 원폭 피해자의 상징물을 방문하고 원폭의 공포를 경험하면서 마음을 교류한다. 〈8월의 광시곡〉은 명백한 원폭 트라우마에 관한 영화다. 구로사와가 트라우마에 접근하는 방식은 가네의 조카 클라크를 일본과 미국 양쪽의 피를 이어

받은 설정에서 출발한다. 영화는 어른과 아이들, 전후세대, 미국과 일본을 교차 대조하며 진행된다.

그날 이후 절망 속에서 살아온 사람들에게, 혹은 일본 군국주의에 피해를 입은 아시아 국가 국민에게 이 같은 시도는 자칫 위험해 보인다. 클라크가 가네 할머니와 마을 어른들에게 용서를 구하고 가네의 손주들과 친밀하게 지내며 화해 제스처를 보일 때 영화는 그것에 화답하는 방식을 보여주지만, 관객이 마지막에 만나는 건 '그날은 가슴에서 지울 수 없다'는 구로사와의 항변이다. 그래서일까. 하와이로 오라는 오빠의 말에 미국의 원폭 투하를 언급하며 조카 클라크를 나가사키로 소환할 때, 가네가 "기억하기 싫으면 잊어도 되는 거냐?"고 항변할 때 구로사와의 시선은 단지 피해자 일본의 시점에만 머물지 않는다.

나가사키에는 원폭과 관련한 두 개의 자료관이 있다. 하나는 일본 정부의 돈으로 만든 '국립 나가사키 평화자료관'이고, 다른 하나는 시민들이 만든 '오카마사하루 기념관'이다. 국립 나가사키 평화자료관은 나가사키에 떨어진 원자폭탄에 대해 '연합국이 일본 시민의 죄 없는 목숨을 앗아간 흉악한 짓'쯤으로 포장하고 있지만 오카마사하루 기념관은 다르다. 모든 전시는 일본이 가해국임을 밝히는 시각으로 꾸며놓았다.

「일본의 침략과 전쟁의 희생자가 된 한국인을 비롯한 외국인들은 전후 50년이 되도록 아무런 보상도 받지 못한 채 버림받아왔습니다. 가해의 역사를 숨겨왔기 때문입니다. 가해자가 피해자에 대하여 사과도 보상도 하지 않는 무책임한 태도만큼 국제적인 신뢰를 배신하는 행위는 없습니다.」이곳의 설립 목적을 말해준다.

영화의 마지막, 러닝타임 98분인 영화가 91분을 지나가는 시점. 가네 할머니는 집을 나선다. 바로 45년 전 그날과 같은 날씨다. 먹구름이 하늘을 뒤덮기 시작하고 가족들이 하늘을 바라보는 순간, 비가 쏟아진다. 말로는 표현할 수 없는 무시무시한 폭우 속을 우산 하나로 지탱하며 힘차게 나아가는 가네. 평온한 얼굴에 비장감이 감돈다. 페르세포네를 찾아 지하세계로 가는 데메테르와 닮았다. 45년 전 그날처럼, 그러나 그날과는 다르게 맞이하겠다는 몸짓이고 결의에 찬 다짐이다. 가네가 섬광과 불바다와 핵먼지 속으로 달려갈 때 흐르는 하인리히 베르너의 〈들장미〉가 아련하다. 폭풍우 속으로 전진하는 할머니와 뒤를 쫓아 달리는 가족을 포착한 엄청난 엔딩은 무려 7분간 계속된다.

〈8월의 광시곡〉은 엔딩을 위해 존재하는 영화다. 그러니까 이 영화에서 그 장엄하고 숭고한 엔딩을 보지 않는다면 아무 소용 없다는 얘기다. 고백하자면 나는 이 영화를 영화관에서 보지 못했다. 기회가 된다면 꼭 다시 한번 큰 화면으로 보고 싶다. 오직 엔딩을 기다리면서 말이다. 그렇다면 왜 이토록 엄청난 양의 비를 쏟아야 했을까? 이미 40년 전 〈라쇼몽〉 지붕 위에 10톤의 물을 뿌린 구로사와라면 어려운 일도 아니었을 터.

〈라쇼몽〉의 비가 부도덕하고 탐욕스러운 인간들 세상에 내리는 수직의 비라면, 〈8월의 광시곡〉에서 내리는 비는 운명에 맞서 달리는 가네와 손주들을 사선으로 때론 수평으로 들이친다. 그러므로 〈라쇼몽〉이 '뭐가 진실인지 모르겠다'는 체념과 속수무책의 비관적 세계인 데 반해 〈8월의 광시곡〉은 '뭐가 오는지 알고 있다'는 운명론적 몸부림이다. 그것은 전쟁 기간 중에 영화를 시작했고 전쟁에 참전하지 못했으며 국가의 오류와 실패에 목소리를 내지 못한 사람의 패배주의다. 달리 말해 원폭 이전의 역사를 매몰시킨 채 원폭과 희생자를 앞세워 재영토화를 꿈꿔 온 전후 일본에 대한 근심 어린 반성이다. 구로사와의 인물들이 인간에 대해 끊임없이 회의와 의심을 품는 건 이 때문이다.

〈8월의 광시곡〉은 실패한 영화다. 적어도 흥행만 놓고 보면 그렇다. 하지만 단번에 세상을 날려버릴 듯한 비바람 몰아치는 장면을 만들 수 있는 사람, 구로사와 아키라 말고 누가 있겠는가. 그러니 어찌 〈8월의 광시곡〉을 외면할 수 있겠는가.

(추신)

가네의 미국 조카로 나오는 클라크 역은 리처드 기어가 맡았다. 그는 한 파티에서 구로사와 아키라에게 출연을 요청받고 일정을 조정해 촬영에 임했다. 처음 제작사는 리처드 기어의 출연료를 감당할 수 없다고 난색을 표했으나 "나는

〈라쇼몽〉이 '뭐가 진실인지 모르겠다'는 체념과 속수무책의 비관적 세계인 데 반해 〈8월의 광시곡〉은 '뭐가 오는지 알고 있다'는 운명론적 몸부림이다.

구로사와를 위해 무료로 출연할 것"이라는 리처드 기어의 말에 안심했다. 대신 영화 촬영 기간 중 리처드 기어가 일본에 데려오고 싶은 친구들의 경비까지 모두 지급하겠다고 약속했다. 그들 중 한 명이 모델 신디 크로포드였다.

〈7인의 사무라이〉 1954
하나가 되어 얻은 승리의 위험성

16세기 초 전국시대. 토지세와 강제노동에 시달리고 전쟁과 가뭄, 도둑떼까지 들끓는 혼란기. 가을 추수를 앞둔 마을 사람들은 추수가 끝나면 들이닥칠 도둑떼로 걱정이 크다. 궁색한 사무라이를 고용해 마을을 지키기로 결정하고 대표를 파견하는데. 구로사와 아키라의 위대한 영화 〈7인의 사무라이〉다.

구로사와의 원래 아이디어는 명예를 지키기 위해 스스로 목숨을 끊는 사무라이의 삶에 관한 이야기였다. 그러나 정확한 사료가 없고 극적 장면을 구성하기 힘들어 아이디어는 폐기되었다. 그 후, 프로듀서 모토키 소지로는 조사를 통해 일본 전국시대에 사무라이가 농민 마을에서 음식과 숙박을 제공받는 대가로 경비를 자원봉사 하는 경우가 많았다는 사실을 발견한다. 구로사와 역시 마을을 지키기 위해 사무라이를 고용했다는 일화를 발견하고 그 아이디어를 사용하기로 결정하면서 〈7인의 사무라이〉가 시작되었다.

영화 속 농민 마을(당초 도호 스튜디오를 제안했으나 감독은 거절한다)은 시즈오카현 이즈반도의 타가타에 건설한 세트다. 제작사가 제작비 인상에 대해 항의했지만 구로사와는 "세트의 질이 배우들 연기에 영향을 미친다"라며 단호하게 대응했다.

4시간에 가까운 러닝타임 중 절반은 사무라이를 찾기까지의 과정을, 나머지는 사무라이가 마을에 도착해 주민을 훈련시키고 작전을 짜면서 결사 항전을 준비하는 과정을 보여준다. 그러니까 영화의 클라이맥스, 즉 빗속에서 벌어지는 10분간의 혈투를 만나기 위해선 사무라이와 마을 대표와 주민 사이의 불편하고 생경한 공기를 무려 3시간 12분 동안 견뎌야 한다. 그 긴 시간 동안 우리는 고작 쌀밥이나 먹자고 용병을 자임한 여섯 명의 비루한 사내가 노련한 리더 감베이의 지휘에 따라 일사불란하게 소임을 다하면서 진정한 사무라이가 되는 과정을 보게 된다. 각고의 노력 끝에 쟁취한 승리가 허망하다는 사실을 알기까지 4분이면 충분하다는 사실 또한 터득하게 될 것이다.

최후의 빗속 전투 장면을 촬영하는 건 사투에 가까웠다. 촬영이 시작되기 직전에 폭설이 내렸고, 스태프들은 눈을 녹이기 위해 세트장에 물을 뿌려야 했다. 게다가 극적으로 폭우까지 내렸다. 이는 깊고 두터운 진흙 속에서의 촬영을 의미한다. 한겨울에 눈을 녹이려고 뿌린 물과 폭우가 합쳐져 진흙이 얼어붙어 스태프와 배우는 물론 구로사와조차 발에 동상을 입

을 수밖에 없었다. 이렇게 모든 이의 수고로 〈7인의 사무라이〉
의 장대한 엔딩 전투신이 완성됐다.

영화가 시작되고 3시간 12분이 되었을 때쯤 즉 최후
의 전투를 준비하는 밤, 비가 내리기 시작한다. 잊을 수 없는
10분간 빗속의 대혈투. 이제 구로사와는 장대한 싸움을 준비한
다. 밤새 내린 비는 그칠 줄 모르고 더욱 세차게 몰아치는 가운
데 도둑떼 모두를 통과시킨 후 봉쇄해 몰살시키는 작전이 시작
된다. 긴 싸움에 지치고 추위에 떠는 농민들을 독려하며 마지막
싸움을 준비하는 감베이와 사무라이들. 용기를 북돋우며 마지
막 싸움이 시작되려는 순간이다. 이제 열세 놈만 잡으면 끝난다.

구로사와가 세운 농민은 사무라이의 지도를 받는다 한
들 단숨에 호전적 무사로 탈바꿈하는 변신 로봇이 아니다. 그들
은 여전히 약하고 겁 많고 의심 가득한 얼굴로 상대를 살피고
틈이 보이면 야만의 낯을 드러낼 순수하고 위험한 사람들이다.
이리저리 좌충우돌하며 닥치는 대로 죽창을 찌르는 농민들의
속내는 어떨까. 마음만 먹으면 언제라도 창끝이 사무라이로 향
할 수도 있을 터였다. 마침내 열세 명의 도둑과 사무라이와 농
민의 최후의 결투. 진창에 빠져 기동력을 잃은 기마 도둑이 우
왕좌왕할 때 농민의 움직임은 무척 흥미롭다. 농민의 죽창은 도
둑을 쓰러뜨리는 게 아니라 사무라이 칼에 맞아 낙마하고 쓰러
진 도둑을 무차별로 찌르는 게 농민의 역할이다. 그들은 결코
앞에 나서서 싸우지 않는다. 어설픈 몸짓과 순한 속내를 죽창

뒤로 감추었다가 기회가 오면 살려두지 않는다는 얘기다. 마을을 지켜낸 후에도 승리의 기쁨은 사무라이와 무관하다. 기쿠치요가 만든 깃발만 외롭게 펄럭이는 지붕 위로 여전히 내리는 빗줄기와 "우린 또 살아남았구나"라고 자조 섞인 말로 심경을 표현하는 감베이의 독백만이 화면을 채울 뿐이다.

구로사와는 일본인의 양면성을 자아의 문제로 고민해온 작가이고, 전후 일본의 군국주의화를 근심 어린 눈초리로 지켜보았다. 그러므로 10분간의 격전이 마무리된 다음에 오는 장면은 화창한 날씨 아래서 신명 나는 가락에 맞춰 모내기를 하는 농민들의 모습이다. 어제의 일을 까마득하게 잊은 듯, 아무 일도 없었다는 듯 평화로운 풍경 앞에서 구로사와는 감베이의 입을 빌려 "이긴 건 농민이지, 우리가 아니야"라며 무거운 표정을 짓는다. 허약한 농민이 하나가 되어 이룬 승리. 이는 국가의 목표를 위해 전체를 이루며 결집된 힘을 과시하는 전후 일본 사회에 대한 근심 어린 경고일 터.

감베이와 사무라이는 떠날 것이고 평화가 찾아온 마을과 농민은 예전으로 돌아갈 것인즉, 무덤에 꽂힌 4개의 칼도 사무라이가 떠나면 뽑힐 것이다. 그렇게 다음 가을엔 또다시 순박하고 어리숙한 얼굴로 비루한 사무라이를 찾아 나설 것이고, 그들을 앞세워 공동체를 지켜낼 것이다.

● 왕가위의 사랑

이 남자가 실패한 사랑에 대해
말하는 방법

왕가위의 영화는 모두 홍콩에 대한 이야기다. 미국에
서 찍든 아르헨티나가 배경이든 결국엔 홍콩 이야기다. 왕가
위에게 홍콩은 삶의 터전이자 예술혼의 배양소다. 다섯 살인
1963년, 홍콩으로 이주한 왕가위 가족이 정착한 곳은 침사추
이 너츠포드 테라스. 해군과 쇼걸, 클럽 보이와 밴드 마스터, 솜
씨 좋은 재단사, 부자와 가난한 이가 활보하던 밤거리를 보면서
자란 왕가위에게 1960년대 홍콩은 세상의 전부였다. 〈아비정
전〉, 〈화양연화〉, 〈2046〉으로 이어지는 60년대 홍콩 3부작이 괜
히 나온 게 아니다. 그리고 이 영화들(왕가위 영화의 대부분)은 실
패한 사랑에 관해 이야기한다. 왕가위는 데뷔작부터 실패한 사
랑을 누아르 관습 안에서 소화했다. 클럽 쇼걸에게 외면당했고,
사촌 아화와의 사랑을 이루지 못했으며 연인만큼 애틋한 창파

를 지키지도 못했다. 아비도 경찰관도 구양봉도 황약사도 그 누구도 사랑으로 승리하지 못했다. 60년대 휘황찬란한 홍콩과 만나고 90년대 혼돈과 불안을 경유한 왕가위식 멜로드라마는 이기지도 지지도 않고, 목적도 나태함도 없는 독특한 색채의 인물을 양산해냈다.

왕가위 영화에 꼭 나오는 세 가지. 시계, 주크박스 그리고 비다. 왕가위는 벽보가 떨어진 낡은 담벼락에 비를 피하기 위해 서 있는 남녀의 모습만으로 관능을 그려낸다. 비 오는 장면이 등장하는 그의 영화 중에서도 〈동사서독〉은 독특하다.

'움직이는 건 오직 사람 마음'이라는 자막과 함께 오황이 태세를 만나 천하가 가뭄이 들었다는 내레이션으로 시작하는 〈동사서독〉. 가뭄이 들면 문제가 생기고, 문제가 생기면 일거리를 얻는다는 구양봉. 그는 청부살인을 부추겨 돈을 받고 곤란한 문제를 해결해주는 사막의 해결사다. 멀리서 찾아오는 구양봉의 친구 황약사와 두 사람이 모두 마음에 품은 여인, 황약사에게 연정을 품은 모영연(독고구패가 되는), 맹무살수와 홍칠, 달걀과 당나귀로 복수를 청하는 여인까지 다양한 사연과 색깔을 가진 인물들이 사막을 횡단한다. 사막이 배경이므로 비 오는 장면은 아주 짧게 한 번 등장한다. 그럼에도 홍칠이 떠난 후 열닷새 동안 비가 왔다는 술회, 비가 올 때면 그녀가 생각난다면서 '그녀를 떠날 때면 비가 왔고, 슬퍼서 그랬다'는 장국영의 독백이 나올 정도로 비를 향한 왕가위의 사랑은 가히 극진하다.

〈열혈남아〉 1988
아무것도 약속할 수 없는 남자

왕가위는 1988년 데뷔작 〈열혈남아〉로 단숨에 홍콩 영화의 유망주로 떠오른다. 앞뒤 생각 없이 좌충우돌하는 사고뭉치 창파와 철부지 아우를 지키려다 비극적 최후를 맞는 아화의 이야기. 30분 만이라도 영웅이 되고 싶다는 창파와 사람답게 살아야 한다며 끝까지 곁을 지킨 아화가 보여준 사내들의 의리가 영화의 핵심이다. 〈열혈남아〉는 홍콩판과 대만판의 결말이 다르다. 대만의 유명 가수 왕걸이 부른 〈너를 잊고 나를 잊고〉가 흐르는 대만 버전이 멜로드라마적 색채가 강한 엔딩이라면, 경찰서 앞에서 비극적인 최후를 맞는 홍콩판은 과연 홍콩 누아르다운 결말이다.

〈열혈남아〉에서 비가 오는 장면은 딱 한 번 나온다. 노점 장사를 부끄러워하는 창파와의 말다툼에 이어진 쇼트. 화면이 바뀌면 소나기가 쏟아지는 거리를 가로질러 비를 피하던 아화가 우연히 옛 애인을 발견한다. 결혼해 임신한 옛 여자에게 말을 붙였다가 남편을 기다리고 있다는 말에 황급히 자리를 떠나는 아화. 영화가 시작한 지 절반이 지난 지점이고, 소화에 대한 자신의 마음을 확인하는 순간이다. 이 시퀀스에 굳이 비를 뿌린 이유를 설명하기 위해선 거꾸로 되짚어 나가야 한다. 즉 아화가 자기의 마음을 알리려면 소화가 있는 린타우로 가야 한다. 동생 때문에 구룡을 떠나지 못하는 아화의 마음을 움직이게 만드는 기제. 옛 애인을 우연히 만나 완전히 달라진 모습(결혼해 임신까지 한)을 확인하기 위해선 그녀가 있는 위치까지 아화가 이동해야 한다. 소나기가 내려 비를 피하기에 안성맞춤인 장소. 비가 내리지 않았다면 아화는 옛 애인이 남편을 기다리는 거리의 지붕 밑까지 갈 일도 없었을 거란 얘기다.

　　홍콩 누아르에는 빗물 흐르는 장면이 생각보다 많이 등장하지 않는다. 필름 누아르 장르의 컨벤션인 도시의 뒷골목 가로등 빛을 받아 반짝이는 빗물은 홍콩 누아르와 거리가 멀다. 거친 사내들의 의리와 명예로운 삶, 불안한 홍콩의 미래가 맞물린 탓이다. 하루하루 살아가는 거리의 남자들에게 빗물을 바라보며 과거를 회상할 낭만이 있을 리 없다. 그래서 이마를 적시는 빗물보다 머리에서 흘러내리는 핏물이 많다. 〈열혈남아〉에서 비 오는 장면이 눈에 띄지 않는 이유인지도 모른다.

〈아비정전〉 1990
누구도 사랑하지 않는 남자

"유덕화는 카메라를 압도하고 양조위는 카메라와 호흡하지만, 장국영은 카메라를 유혹한다."
_ 왕가위

46

데뷔작 〈열혈남아〉로 세계 영화계의 주목을 받은 왕가위는 제작자인 등광영의 전폭적인 지원(돈이 될 만한 영화라는 전제하에)을 받아 당대 최고의 스타를 총동원해 두 번째 작품 〈아비정전〉을 만든다. 전작의 주인공인 유덕화와 장학우에 장국영, 장만옥, 유가령으로 드림팀을 꾸렸다. 그러나 결과는 흥행 참패. 홍콩뿐 아니라 동남아시아 모든 국가에서 혹독한 성적표를 받았다.

〈아비정전〉역시 왕가위 작품답게 비 오는 장면이 여러 번 등장한다. 그중 확실하게 비 오는 장면은 최소 3번 펼쳐진다. 붙잡아둘 수 없는 발 없는 새에게 투정하고 유혹하다가 오히려 매혹당한 여자, 함께 한 1분을 잊을 수 없어 마음을 접지 못하는 여자, 친구의 여자를 욕망하다 좌절하는 남자의 이야기를 할 때다. 이 세 개의 삽화가 느슨하게 연결되며 빗물처럼 흘러내린다.

먼저, 비를 피하기.위해 들어간 집에서 남자에게 유혹당한 여자의 이야기. 무더운 낮 3시에 1분간 같이 있었다며 수리진을 사로잡았다가 관계를 끊은 아비는 어느 비 오는 날 새벽 3시, 엄마의 귀걸이로 미미를 유혹해 함께 지내기 시작한다.

그다음, 놓을 수 없는 마음을 전하러 갔다가 좌절한 여자의 이야기. 아비의 집에 보관 중인 자기 물건을 찾으러 갔다가 다시 한번 절망한 수리진이 경찰관을 만나 택시비 5달러를 빌리는 장면도 비 오는 밤의 일이다. 이날 이후 잠이 오지 않는 밤마다 함께 걸으며 사내의 마음을 흔들고 공중전화부스 앞에서 하염없이 기다리게 하더니, 결국 수리진은 마카오로 돌아가고 경찰은 선원이 된다.

끝으로, 친구의 여자에게 고백한 남자의 이야기. 아비가 생모를 찾아 필리핀으로 떠나자 상실감에 빗속을 걷는 미미 앞에 아비의 친구가 나타나 마음을 고백하지만 미미는 요지부동이다. 고백하는 쪽이나 거절하는 쪽 모두 같은 아픔이다.

가슴 아픈 사랑을 해본 적이 있는가. 사랑하는 이를 먼 발치에서 바라만 보다가 말 한마디 붙이지 못한 채 죽어가는 그녀를 바라본 적이 있는가. 아니면, 끝내 잊지 못할 첫사랑의 여인 혹은 그 남자의 초상이 아른거릴 때 그날 그 모습을 떠올린 적이 있는가. 당신이 도덕적이며 고결한 사랑만이 아름답다고 생각하는 사람이라면, 이 영화를 보면서 감흥은커녕 불쾌하고 유치하기 이를 데 없는 그들만의 사랑이라고 치부해버릴 것이 분명하다. 이제 당신은 어느 병들고 쇠락한 창녀의 죽음 앞에 선 미숙한 한 남자의 순애보를 만나게 될 것이다. 감히 왕가위 영화를 통틀어 최고라고 부를 만한 〈에로스〉다. 〈에로스〉는 세상의 모든 사랑과 그 사랑의 이름으로 가슴 아파하는 이들을 위한 찬가다.

〈에로스〉 2004

몸으로도 마음으로도 발설하지 못하는 남자

사랑에 대한 관점을 각기 다른 소재로 풀어낸 옴니버스 영화 〈에로스〉는 미켈란젤로 안토니오니와 스티븐 소더버그의 소품을 지나 비로소 왕가위의 〈그녀의 손길〉에서 정점을 이루고 완성된다. 그것은 전희와 삽입을 거쳐 오르가슴에 이르는 정사의 진행과도 같은 체험을 맛보게 한다. 〈에로스〉의 첫 번째 에피소드인 〈그녀의 손길〉은 가슴으로 느끼고 손길로 기억하지만 끝내 이룰 수 없는 사랑에 대해 이야기한다. 노출 장면 하나 없이도 심금을 울리며 아득한 관능의 늪으로 인도하는 왕가위식 탐미주의는 이 영화에서 짧지만 힘 있게 폭발한다. 그것은 에로스를 통해서 타나토스를 극복하고 죽음을 목도함으로써 사랑을 완성시키는 카타르시스다. 〈에로스〉는 후아 역을 맡은 공리가 이탈리아로 떠나기 전 3일 동안 약간의 휴식 시간을 제외하고 72시간 풀가동해 촬영했다.

황궁여관 – 빗소리 – 시점 쇼트. 〈화양연화〉에서 미술감독 장숙평이 창조해낸 관능의 공간은 〈에로스〉에서도 여전하다. 벽을 등지고 앉은 인물을 보여주는 시점 쇼트와 샤오장의 일터 모습을 담은 쇼트, 황궁여관의 골목 풍경과 좁은 복도와 방문 앞에선 샤오장의 위치까지 〈화양연화〉의 스타일을 빼닮았다. 감독이 왕가위인데 무슨 문제란 말인가. 심지어 배경이

노출 장면 하나 없이도 심금을 울리며
아득한 관능의 늪으로 인도하는
왕가위식 탐미주의는 이 영화에서
짧지만 힘 있게 폭발한다.

1960년대 홍콩임에랴.

영화의 첫 장면에서 보이는 건 오래된 골목과 황궁여관이다. 비 내리는 밤, 페인트가 벗겨지고 벽돌이 속살을 드러낸 추레한 여관방에 완전히 몰락한 후아가 있다. 한때 거울에 비친 자색 벽지 앞에 앉아 고고한 자태를 뽐내던 그녀였다. 샤오장의 안정된 포지션과 달리 위태롭게 흔들리는 후아. 〈에로스〉는 시작부터 끝까지 비와 함께 간다.

"이 손의 느낌을 잊지 마."

그날, 그녀의 손길을 기억하는 한 남자가 있다. 재단사 샤오장이다. 오래전, 주인을 대신해 고급 창부 후아의 아파트에 간 샤오장은 잊지 못할 시간을 경험한다. 신출내기 재단사의 다리 사이를 스치는 그녀의 손길로부터 시작되는 첫사랑이다. 모든 남자를 아는 여자와 한 여자만 아는 남자. 샤오장이 아는 것이라곤 그녀의 옷을 짓는 일과 눈대중만으로도 치수를 알아낼 정도로 그녀의 몸을 기억하는 것뿐이다.

옷을 짓는 남자와 그가 지은 옷을 입는 여자. 왕가위는 두 남녀를 중세 궁정식 사랑 속으로 밀어 넣는다. 상하관계 또는 보완관계로 시작된 그들의 만남을 평등하게 만드는 것은 절묘하게 기획된 카메라 위치다. 카메라는 샤오장의 등을 포착하는 데 치중한다. 차마 말 못할 사랑의 감정과 은밀하게 숨겨놓은 욕망이 들킬까 봐 겁을 내는 것일까. 시작은 소극적인 그의 등 옆으로 비추던 그녀의 도도한 얼굴이고, 마지막은 쇠락한 그녀가 바라보는 의젓한 그의 모습이다.

〈에로스〉의 러닝타임은 56분이다. 이 시간 동안 샤오장은 후아를 12번 만나러 간다. 12번의 방문은 샤오장의 성장과 동시에 후아가 추락하는 시간이다. 풋풋한 청년에서 의젓한 재단사가 되는 시간이고, 도도하고 섹시한 고급 창부가 비극적으로 몰락하는 시간이다. 진선생을 대신해 후아의 아파트로 찾아간 첫 만남에서부터 그녀가 이사 간 사실을 알게 되는 9번째 방문까지는 맑은 날이었다(그렇게 그려졌다). 그러나 2년 만에 나타난 그녀를 만나러 황궁여관을 찾던 10번째 방문 때부터 비가 내린다. 〈에로스〉에서 내리는 비 또한 낭만과 거리가 멀다. 그렇다고 비정한 복수의 정서를 품지도 않는다. 고급 창녀에서 부둣가 매춘부로 몰락한 한 여자를 설명하는, 황궁여관이 품은 쇠락의 이미지다.

"나를 위해서 옷을 만들어줘."

이때부터 영화는 밀폐된 공간 분할과 내면의 심리를 절개하는 힘으로 욕정을 내비치기 시작한다. 그녀에게 이르는 길은 여관의 좁은 복도를 지나가야 한다. 질에서 자궁으로 가는 길, 혹은 사랑에서 쾌락으로 향하는 그 길은 짧지만 아늑하고 위험하다. 그럼에도 그는 지고지순함과 용기로 무장한 중세 기사처럼 그녀의 옷을 들고 찾아간다.

"자기, 내 손 기억나?"

고급 창녀에서 파산한 퇴물로, 병든 거리의 매춘부로 세상과 격리된 후아가 계급 추락을 겪는 시간 동안 어엿한 재단사가 된 샤오장. 그러나 왕가위는 싸구려 사랑 놀음으로 영화를 훼손하지 않는다. 연민이 아닌 사랑의 정조만 가득한 황궁여관에서 완전히 뒤바뀐 처지의 남녀가 마주했을 때, 후아가 모든 것을 내려놓았을 때, 그러니까 후아의 시점에서 샤오장의 시점으로 시선 권력이 넘어갔을 때조차 왕가위는 후아를 바닥으로 내리지 않는다(실제로 그녀는 침대에서 내려오지 않는다).

남녀의 사랑이 이렇듯 농염하면서 애틋하게 표현될 수 있을까. 어떤 포르노가 이보다 더 에로틱하고, 어느 연애소설이 이만큼 로맨틱할까. 첫 키스의 짜릿함을 기억하거나 첫 섹스의 아득함을 지울 수 없다 해도 이보다 애틋하고 탐미적인 사랑의 서사를 엮어낼 수는 없을 터. 내밀한 욕정으로 가득한 공간에서 배어 나오는 분 냄새 사이로 욕망과 질투가 뒤섞이면서 사랑의 그림자를 에워쌀 때, 조명과 소품, 음악의 삼위일체로 엮어낸 나무랄 데 없는 탐미주의 영상미학의 결정체 〈에로스〉가 탄생한다. 단언컨대 현존하는 감독 중 왕가위보다 여배우를 더 아름답고 관능적으로 창조하는 사람은 없다.

〈동사서독〉의 구양봉은 그녀를 떠날 때면 늘 비가 왔다고 술회한다. 샤오장이 황궁여관에 갈 때도 늘 비가 내렸다. 매번 헤어지고 재회하는 반복 속에서 오프닝과 겹쳐놓은 엔딩 시퀀스를 통해 후아는 영원히 이 세계와 작별을 고한다. 〈화양연화〉의 비전(秘傳)격인 〈에로스〉는 그래서 관능적이지만 도덕적이며, 농염하면서 순결하다. 아련한 옛사랑의 그림자를 추억하는 샤오장, 그의 등이 한없이 측은하다.

〈일대종사〉 2013
언제나 수직이었던 남자

〈일대종사〉는 위대한 무술인에 대한 이야기다. 아니 엽문이라는 무술인의 인생에 관한 이야기다. 왕가위는 엽문의 일대기를 통해 일대종사(一代宗師)가 무엇인지, 어떤 과정을 거쳐 일대종사가 되는지를 말한다. 다시 말해 〈일대종사〉는 위대한 무술의 유산이 후대로 넘어오는 과정을 그린다. 왕가위는 대중에게 알려진 홍콩 시절의 엽문이 아닌 보다 장대한 여정을 그리려 했다. 일대종사의 일대기라면 그래야 마땅하다. 영화가 1950년 홍콩이 아닌 중화민국 25년 광동 불산에서 시작하는 까닭이다.

일대종사는 한 문파의 위대한 스승을 칭한다. 일대종사가 되기 위해선 자신을 알고, 다른 이의 도전을 받아들이고, 세상에 나눠주는 자질이 있어야 한다. 영화 종반 엽문과 궁이는 '풍류몽' 경극 공연장에서 마지막으로 만난다. 엽문이 문무를 모두 풀어냈다고 궁이를 치켜세우면서 단 하나 방향을 바꿀 줄 모른다고 직설을 날린다. 궁이는 궁가 64수를 이미 잊었다면서 아버지는 무예인이라면 "자기를 보고, 하늘을 보고, 중생을 보는 단계가 있다"라고 했는데, 자신은 자기를 보았고 하늘을 보았으나 중생은 보지 못했다고, 끝까지 못 간 마지막 길을 당신이 가주길 바란다며 엽문을 독려한다. 궁이의 무예는 거기까지였다.

일대종사는 당사자가 죽고도 한참 뒤에 주어지는 명예다. 즉 후대에 유산을 남겨야 한다는 얘기다. 무술 역사에 유산을 남긴 그랜드마스터는 많지 않다. 엽문은 영춘권을 통해 무술 역사에 한 획을 그은 인물이다. 그의 제자가 바로 이소룡이다. 엽문은 타계 3일 전, 영춘권 기본 동작을 아들에게 필름으로 찍게 했다. 반면 이소룡도 스승 엽문에게 시범을 녹화하자고 요청했으나 거절당한다. 그에게 찍게 하면 다른 제자에게도 허락해야 한다는 게 이유였다. 이소룡의 무술이 대단했음에도 일대종사로 불릴 수 없는 이유는 후대에 남긴 것이 없어서다(영화배우로 더 유명한 영향도 있을 테고). 무술의 전통에서 이 삽화가 중요한 건 후대에 남기는 유산이라는 점에서다. 왕가위는 이 대목을 횃불을 꺼트리지 않고 다음 세대에 잘 전달하느냐 못하느냐의 문제라고 봤다. 엽문이 홍콩에서 활동하던 시절, 많은 문파의 고수들이 중국에서 홍콩으로 이주했다. 본토에서는 대단한 사람이었으나 홍콩에선 낡은 아파트에 도장을 열고 후학 양성으로 어렵게 생활하는 이들이 대부분이었다. 엽문 역시 1950년 홍콩 항구반점 공회에서 도장을 연다.

영화에서 왕가위가 무게를 둔 건 무술보다 과거 유산이다. 때문에 엽문 역을 맡는 배우는 무술 실력보다 연기력이 우선되어야 했다. 게다가 엽문은 귀족 출신으로 싸움꾼의 모습과는 거리가 멀다. 무술인을 찾아 쿵후를 제대로 보여주느냐 연기파 배우로 드라마에 집중하느냐, 고민 끝에 왕가위는 후자를 택한다. 농을 섞자면 견자단이 아닌 양조위를 선택한 이유이기도 하다.

영화가 불친절하다고 여기는 서구 관객이 많은 건 시간의 흐름을 무시한 서사 때문일 것이다. 게다가 왕가위는 엽문의 가족관계는 물론 중일전쟁과 남경대학살 같은 주변 환경에서 어떤 영웅적 행위로 위기를 타개해 나갔는지에 대해서는 도통 관심이 없어 보인다. 엽문의 가족사가 언급되는 것도 지극히 일부분이다. 배덕리 지주의 아들로 태어나 먹고사는 걱정이 없었다는 배경과 청나라 양무대신의 딸을 아내로 맞고 종종 금루에 공연을 보러 함께 외출했다는 정도에 그친다. 대신 엽문이 지닌 천재성과 소양, 인품을 드러내는 데 집중한다. 궁이와의 짧은 만남과 긴 인연이 엽문의 무술 인생에 어떻게 작용했는지 보여주며 마지막 만남에선 디테일하게 감정을 주고받는 모습까지 넣었을 정도다.

〈일대종사〉의 배경은 중화민국 25년(1937년) 광동 불산이다. 1937년이면 관동군벌과 계엄령에 이은 중일전쟁이 시작된 해다. "실력은 둘 중 하나다. 수평과 수직. 지는 자는 수평으로 쓰러지고 서 있는 자만이 말할 자격이 있다"는 자막과 함께 영화가 시작한다. 비 내리는 밤, 엽문은 일군의 무리와 맞선다. 바닥을 튀어 오르는 빗방울과 엽문의 모자챙을 타고 흘러내리는 빗줄기가 한 편의 CF 같다. 수평과 수직만 존재하는 공간을 보여주는 카메라는 아름다움도 처절함도 철저히 배제한 채다. 이전까지 왕가위 영화에서 보지 못한(무협 장르인 〈동사서독〉과도 다른) 생경한 미장센이다. 촬영감독이 바뀌었다. 왕가위의 단짝 크리스토퍼 도일이 떠난 자리에 필립 르 소드가 카메라를 잡았다(〈마이 블루베리 나이츠〉도 다리우스 콘지가 카메라를 맡았다).

관능과 페티시즘의 절정을 보여주던 크리스토퍼와 달리 필립은 내리는 비와 허공을 가르는 무인들의 몸짓에만 관심이 있다. 카메라는 대결에서 지면 수평으로 눕는 무술의 단순 원리를 충실히 이행한다. 원리의 신봉자는 누구보다 감독이다. 오프닝 시퀀스에서 엽문과 대결하는 이들은 하나같이 수평으로 날아가 떨어진다. 아니면 엎드린 채 밀려난다. 우두머리 격인 고수도 엽문의 일격에 뒷걸음질치며 물러나거나 쓰러지는 수평의 패배를 맛본다. 어떤 대결 장면에서도 쿵후와 무협 영화에서 보여주는 현란한 무술은 없다. 누각에서 떨어지거나 공중을 두 바퀴 반 돌면서(고수의 무공을 증명하듯) 애써 멋지게 쓰러지는 장면은 나오지 않는다. 실제로 어떤 무술이 그런 아크로바틱의 궤적으로 무너지겠는가.

〈일대종사〉의 엔딩. 한 시대를 활보한 무인들을 담은 카메라가, 러닝타임 내내 수평과 수직을 정직하게 구현한 카메라가 엽문과 뒤에 늠름하게 선 제자들 앞에 놓여 있다. 이긴 자는 서 있고, 패배한 자는 지극히 평범하게 쓰러질 따름이다.

"권법은 하나로 귀결된다. 결국 두 가지다. 수평과 수직!"

● 봉준호의 순결

이곳이
대한민국임을
드러내다

"우리는 단 하나의 언어를 쓴다. 그 언어는 영화다."

_ 봉준호, '골든글러브 수상 인터뷰' 중에서

평생 영화밖에 몰랐던 사람으로 기억되고 싶은 사람.
영화에 대한 사랑과 집착을 단 한 번도 의심해본 적 없고 다른
일을 해보고 싶었던 적도 없는 남자. 한국 영화 사상 칸 영화제
최초의 황금종려상 수상 감독이자 아카데미에서 작품상과 감독
상을 비롯해 4개의 트로피를 거머쥔 우리 시대의 거장, 바로 봉
준호다. 그에 대해 더 이상 무슨 영화적 설명이 필요할까.

봉준호는 어느 인터뷰에서 제작자에게 손해를 끼치지
않길 바란다고 말했다. 제작자가 아니므로 돈을 좇지는 않지만,
돈에 대한 예의를 지키고 싶다고. 자기가 쓰는 돈이 결국 누군

가 고생해서 번 것이라 대충대충 쓰려고 하지 않는다는 얘기다. 찍고 싶은 장면을 두고 타협하진 않아도 100만 원이 드는 장면을 50만 원으로도 찍을 수 있다면 그 방법을 찾으려고 애쓰는 사람, 가장 효율적인 제작비 사용을 위해 철두철미하게 준비하는 사람이 봉준호다. 〈기생충〉을 제작자에게 약속한 77회차 촬영으로 끝낸 건(심지어 근로기준법을 준수하면서) 우연이 아니다. 때문인지 봉준호는 시나리오도 직접 쓰고 콘티도 직접 그린다. 자기 성격과 취향과 감수성이 독특해 직접 공들여 설명하지 않으면 타인이 이해하지 못할 거란 공포심을 가졌다. 그래서 뭐든 직접 하려는 경향이 생겼다. 본인도 힘들고 주위 사람도 힘들게 하는 성격이다. 그럼에도 직접 쓰고, 자기 손으로 그려야 속이 시원하다는 사람이다.

봉준호는 스태프를 고르거나 선택한다는 건 잘못된 표현이라고 말한다. 서로를 선택하는 것이고, 시나리오와 일하는 방식, 성격 등이 모두 맞아야 좋은 인연이 맺어진다고 믿는다. 현장에서 오랜 시간 같이 일하다 보면 각각의 성격, 취향, 태도가 백일하에 드러나기 때문에 영화 현장은 즐거우면서 무서운 곳이다.

감독이 가장 많은 시간 이야기를 나누고 세심하게 접촉하는 이가 있다면 그건 촬영감독일 것이다. 그래서 여느 감독과 마찬가지로 봉준호 역시 촬영감독과의 호흡을 중요시한다. 렌즈를 얼마나 돌리고 광선을 어느 정도 주느냐에 따라 화면의 뉘앙스가 달라진다. 좋은 영화에는 좋은 연출자가 있고 그 옆에 좋은 카메라맨이 있는 건 이 때문이다. 봉준호의 데뷔작 〈플란다스의 개〉는 조용규 촬영감독이 카메라를 잡았다. 〈살인의 추억〉과 〈괴물〉은 김형구 촬영감독과 〈마더〉, 〈설국열차〉, 〈기생충〉은 홍경표 촬영감독과 함께했다. 〈옥자〉는 빛의 마술사 다리우스 콘지의 손을 거쳤다.

그와 일해 본 사람은 봉준호가 로케이션 선정에 얼마나 까다로운지 안다. 류성희 미술감독은 공간에 대한 봉준호의 감각이 동물적이라고 말한다. 봉준호와 일하면 대한민국에서 작업하고 있다는 걸 상기하게 된다고도 말했다. 한국인의 일상에 관심이 많아 가장 한국적인 재료로 한국 사람만 알 수 있는 디테일과 뉘앙스를 영화에서 펼치는 사람이라는 얘기다. 복도식 아파트의 옥상과 보일러실을 주 공간으로 사용한 〈플란다스의 개〉, 경찰서와 보일러실에 마련된 취조실과 식당 룸에 달린 다락방이 등장하는 〈살인의 추억〉, 한강변 노점을 거점으로 펼쳐지는 〈괴물〉, 〈마더〉에서 김혜자의 야매 침을 맞으려고 동네 사람이 누운 가정집 등등. 봉준호 영화의 공간은 가장 한국적이다. 명징하게 이곳이 대한민국임을 드러낸다.

봉준호 영화에는 늘 비 오는 장면이 등장한다. 봉준호는 비 오는 장면에 집착하는 것을 숨기지 않는다. 관객과의 대화에서 "개인적인 사심과 욕심으로 최고의 비 오는 장면을 찍고 싶은 집착 때문에 영화마다 한 번씩 꼭 넣게 됐다"고 말한 바

있다. 그래서일까. 데뷔작에도 다음 작품에도 또 이후 작품에도
비는 어김없이 쏟아졌다.

〈살인의 추억〉 2003
우리 순결은 잃지 말자

1980년대. 범죄보다 시대가 더 어두웠던 시절. 범죄보
다 사회가 더 악했고, 범죄보다 더 악랄한 국가와 정권의 시대
였다. 범행보다 더 어두운 등화관제(적의 야간 공습 상황에 대비해
불빛을 차폐하거나 끄는 일) 사회에서 어떻게 우리가 승리할 수 있
었겠는가, 무슨 수로 범인을 잡을 수 있었겠는가, 라고 토로하
는 영화. 한국형 웰메이드 무비의 신호탄을 쏘아 올린 〈살인의
추억〉이다.

영화 초반, 김상경이 부임지로 걸어오는 논밭 한편에
허수아비가 서 있고, 거기엔 '너는 자수하지 않으면 사지가 썩
어서 죽는다'라는 경고가 적혀 있다. 이 문구는 박찬욱 감독의
아이디어다. 시나리오를 본 박찬욱 감독이 영화 제목으로 어떠
냐고 묻자 봉준호는 이번 영화가 자기에게 정말 중요하다며 능
쳤다는 후문. 그만큼 〈살인의 추억〉은 봉준호에게 중요했다. 데
뷔작에서 참담한 성적표를 받은 갓 입봉한 감독의 두 번째
영화이니 왜 안 그랬을까. 당시 한국 영화계는 소위 조폭 코미

디 장르가 흥행을 좌우하던 시절이었다. 오죽하면 〈살인의 추억〉의 성공을 9회 말 2아웃 타석에서 역전타를 친 것처럼 좋아했을까. 심지어 명필름은 자기 영화 〈질투는 나의 힘〉이 조기 종영되는 상황에서도 〈살인의 추억〉을 응원했다. 500만 명을 넘긴 한국 영화 가운데 관객과 평단 모두의 상찬을 받은 최초의 영화가 〈살인의 추억〉이다.

〈살인의 추억〉은 봉준호에게 속칭 '봉테일'이라는 별명을 붙여주었다. 바윗돌에 비치는 그림자까지 계산했다는 설도 돌았다. 연쇄살인사건을 다룬 영화다 보니 화면이 전체적으로 어둡고 거칠다. 게다가 비가 오는 날에 사건이 벌어진다는 설정에 따라 습하고 흐린 느낌으로 채워졌다. 누가 봐도 1980년대 소도시를 재현한 힘은 류성희 프로덕션 디렉터와 김형구 촬영감독의 공이지만 전체를 조율한 봉준호의 힘이기도 하다.

〈살인의 추억〉은 화려한 화면이 필요한 영화가 아니다. 실화에 근거했고 살인사건이라는 소재가 무거워 리얼리티와 영화적 분위기 사이를 조율해야 하는 작업이었다. 살인사건이 일어날 때마다 비가 왔다는 점 때문에 전체적인 분위기를 우울하고 어둡게 만들어야 했다. 청명하게 맑은 날에 촬영하는 건 되도록 피하려고 애썼다. 위대한 촬영감독 네스트로 알멘드로스는 "나는 기능적 조명이 아름다운 조명이라는 것, 그리고 기능적인 것이 아름다운 것이라고 믿는다. 나는 조명이 미적이라기보다 논리적이 되도록 노력한다"고 말했다.

김형구 촬영감독은 채도를 낮추고 콘트라스트도 강하지 않게 다루면서 거칠고 어두운 화면을 만들어냈다. 비주얼적 고민이 뒤따른 결과 리얼리티가 살아날 수 있었다. 대표적인 장면은 경찰서 신이다.

비단 1980년대가 아니더라도 비가 오거나 많이 흐린 날에는 사무실이나 학교에서 불을 켰다. 영화에서 외부는 항상 흐린 날로 설정되어 있고 경찰서 실내는 형광등을 켠 상황. 낮인데도 실외보다 실내가 밝게 보여 공간이 세트 같다는 느낌을 주었다. 이때 김형구 촬영감독은 데이빗 핀처의 〈세븐〉을 참고한다. 〈세븐〉에도 비가 오는 낮 장면이 있다. 낮은 천장과 어두운 바닥 색을 사용해 경찰서 내부를 세팅했고 빛을 과다하게 노출시켜 창밖을 보여주지 않았다. 반면 〈살인의 추억〉의 경찰서 신은 조금 다르다. 비 오는 날 실내에서 형광등을 켠 게 지극히 사실적이고 당연한 것인데도 막상 촬영해 보니 비현실적으로 보였다. 결국 바깥을 날려서 촬영했다(아예 보여주지 않았다). 관객은 낮에는 실외가 실내보다 더 밝다고 느낄 테지만, 영화와 현실은 다르다. 결국 영화적 판단을 한 것이다. 김형구 촬영감독은 이렇게 말한다.

"날씨는 우리가 어떻게 조절할 수 없으니까 하늘에 기도할 수밖에 없지만, 그래도 할 수 있는 건 다 해봐야죠. 그렇게 노력했을 때 더 좋은 결과가 나오게 돼요."

〈살인의 추억〉은 비와 함께 가는 영화다. 앞서 말한 대로 살인사건이 일어날 때마다 비가 내렸고, 유재하의 〈우울한 편지〉가 라디오에서 흘러나왔다. 전체적 분위기는 어둡고 우울했다. 따라서 청명한 날은 피하기로 했다. 그러나 날씨는 맘대로 할 수 있는 게 아니다. 김형구와 봉준호는 한 가지 약속을 한다. 여우비는 절대 만들지 말자고. 두 사람은 이를 '순결'이라고 표현했다. 햇빛이 있는 날에는 인공비를 뿌려도 햇빛에 허옇게 보인다. 다시 말해 하늘에 해가 떠 있는데 비가 오는 말도 안 되는 미장센은 만들지 말자고 다짐했다. 위기의 순간도 여러 번 있었지만 악착같이 지키려고 애쓰며 촬영했다. 그 결과 완성도 높은 그림을 얻었다고 김형구는 말한다.

영화에서 마지막으로 살해된 여중생(실제로 9번째 피해자)의 몸에서 김상경이 반창고를 떼는 장면은 충청도에서 로케이션했다. 경찰과 지역유지와 주민이 모두 나오는 몹신(많은 인원을 동원한 장면)인데, 두 번이나 날씨가 청명해 촬영을 펑크낼 수밖에 없었다. 두 번째 촬영 일에도 날이 맑아 고민이 컸다. 봉준호와 김형구는 고심 끝에 이 장면은 무척 중요하니까 '순결'을 지키자고 결정한다. 촬영이 연기된다는 건 제작 기간의 연장을 뜻한다. 제작자가 무조건 찍으라고 요구했다면 달리 방법이 없었을 터. 프로듀서와 제작자의 도움이 아니었다면 순결은 유지될 수 없었을 것이다.

클라이맥스에서 비는 더욱 강렬한 존재감을 뿜낸다.

김상경이 박해일을 집에서 끌고 나와 터널 앞에서 구타하는 장면. 이 시퀀스는 경남 사천비행장 옆 터널(진주-사천 구간)에서 촬영했다. 문제는 열흘 동안 한 번도 날씨가 흐리지 않았다. 어쩔 수 없이 햇빛을 차단해 직사광선을 막고, 살수차를 동원해 비를 뿌리며 촬영했다. 당시 기온은 영하 10~15도. 땅속으로 스며든 물이 얼어 지반이 팽창되면 기차 운행에 지장이 생길 수 있는 상황이었다. 스태프들은 화염방사기로 언 땅을 녹여야 했다. 매 회마다 철도청 관계자의 허락이 있어야 촬영할 수 있었기에. 또 하루 촬영이 끝나면 살수차 물탱크에 남아 있는 물을 버려야 했다. 물탱크가 얼면 살수차가 기능을 못 하기 때문이다. 그런데 버린 물로 인해 주변의 5년생 사과나무들이 얼어 죽었다. 제작사가 손실 비용을 물어주었다. 사흘로 예정된 촬영은 열흘이 지나서야 끝났다. 스태프의 노력 덕분일까. 영화에선 도무지 맑은 날에 찍었다는 느낌이 들지 않는다. 예컨대 쏟아지는 빗속에서 박해일에게 총을 겨누며 네가 다 죽였다고 말하라고 윽박지르는 김상경을 앙각으로 잡은 카메라가 보여주는 하늘조차 흐려 있다.

　　이 시퀀스에서 흥미로운 점은 비를 이용한 경계선 긋기다. 송강호가 박해일을 붙잡고 내 눈을 보라고, 똑바로 보라고 윽박지를 때도 비가 퍼붓는다. 송강호는 비를 맞고 서 있는 반면 박해일은 비를 맞지 않는다. 터널 경계선에 서 있기 때문이다. 마침내 터지는 자조 섞인 한 마디.

김형구와 봉준호는
한 가지 약속을 한다.
여우비는 절대 만들지 말자고.
두 사람은 이를
'순결'이라고 표현했다.

"씨발, 나도 모르겠다… 밥은 먹고 다니냐?"

송강호, 김상경, 박해일이 한데 모인 터널은 빛과 어둠의 경계선이다. DNA 검사보고서가 찢기며 사건이 미궁으로 빠지는 상황, 어둠 속으로 사라지는 박해일, 사건을 가슴에 묻고 끝낸 답답한 라스트 신 그리고 에필로그로 이어지는 배수관 장면까지. 봉준호는 이 터널을 만나고 모든 고민이 풀렸다고 술회한다. 80년대라는 어두운 시대를 대변하는 오프닝의 배수관과 대구를 이룬 이 터널을 만난 건 큰 복이었다고 말이다.

〈살인의 추억〉은 끝내 범인을 잡지 못한 채 끝난다. 모두의 실패로 끝난 이야기. 그러나 그것은 필연적이었다. 시대가, 우리 사회가, 범인을 잡을 수 없었다. 시골 마을의 여자 하나를 보호할 수 없는 시대였고, 공권력은 정권을 위해 시위 진압에 투입되는 시대였다. 그래서 봉준호는 말한다. 범인을 못 잡고 끝난 게 스토리의 단점이 아니라 이 스토리만의 핵심이고 장점이라고.

종종 1980년대를 노스탤지어적으로 접근하는 이들을 본다. 하지만 80년대는 군사정권 시대였다. 등화관제와 민방위 훈련이 수시로 요구되고, 최루탄과 땡전 뉴스가 공존하던 시절이었다. 그런 80년대, 경기도 화성에서 부녀자 연쇄살인사건이 벌어졌고 범인은 잡히지 않았다(사실 이춘재도 잡힌 게 아니다). 이런 무능한 시대를 추억하는 이들에게 〈살인의 추억〉은 묻는다. 우리는 80년대라는 어둡고 기나긴 터널을 빠져나왔을까, 아니면 터널의 어둠 속으로 들어간 박해일처럼 영영 사라진 걸까.

(추신)

이 영화가 개봉할 당시, 적지 않은 이들이 제목을 문제 삼았다. 불편하고 불쾌하다고 했다. 왜 하필 살인의 추억이냐, 살인을 추억한다는 게 말이 되냐는 게 핵심이었다. 처음 봉준호가 시나리오를 썼을 때의 제목이 〈살인의 추억〉이다. 주위의 반응은 냉담했다. 황당하다는 반응도 있었다. 그러나 봉준호는 80년대라는 시대의 무능함을 보여주기 위해 '추억'이라는 단어가 꼭 필요하다고 강변했다. 살인은 악몽이지 추억이 될 수 없다는 걸 봉준호가 모를 리 없다. 역설적인 제목처럼 영화는 추억으로 끝나지 않는다. 해결되지 않은 과거는 과거가 아니다. 현재진행형이다. 박해일은 터널 속으로 사라졌고 영화는 여기서 끝나지 않는다. 2003년 현재의 송강호가 등장해 배수관을 들여다본다. 해결하지 못한 과거, 실패한 사건이 여전히 현재진행형이라는 것을 강조하는 장면이다. 살인은 결코 추억이 될 수 없다.

〈마더〉 2009
나, 이 사람 만난 적 있다

봉준호는 김혜자의 얼굴에서 불안과 히스테리를 느꼈다. '국민 엄마'라는 호칭을 안고 사는 배우의 중압감도 더해졌을 테다. 그래서 익숙한 것의 다른 면을 보여주고, 어울리지 않는 것들을 충돌시키고 싶단 생각에 이른다. 그러니까 김혜자와 살인사건, 김혜자와 섹스(김혜자가 진구와 천우희의 섹스를 엿보는) 같은 부조화의 극치를 바탕에 깔고 풀어가는 이야기가 〈마더〉다. 물론 중심에는 광기 어린 모성이 자리하고 있다.

타이틀 시퀀스가 끝나자마자 나오는 오프닝 장면이 봉준호가 본 김혜자의 축소판이다. 시작부터 카메라는 불안 가득한 김혜자의 얼굴을 잡는다. 엄마의 표정과 아들, 작두와 약재를 쥔 손을 번갈아 보여주며 어떤 징후를 암시한다. 약재를 썰면서 동시에 길 건너 아들을 주시하던 엄마는 아들이 승용차에 치일 뻔하자 쏜살같이 뛰쳐나간다. 작두에 손가락이 베인 것도 모른 채. 마침내 올 것이 왔다는 듯 "도준아!"를 외치며 달리는, 짧은 거리에서 배우의 얼굴을 잡은 쇼트를 통해 엄마는 히스테리의 정점을 찍는다. 이 불안과 히스테리 가득한 배우가 뿜어내는 광기의 순간은 영화 곳곳에 등장한다. 예컨대 죽은 여자아이의 화장장에 갔다가 문전박대당하며 "우리 아들이 안 그랬거든요!"라던 김혜자의 살기 가득한 표정 말이다. 광기의 모성이 어디까지 갈 수 있는지를 보여준 이 표정은, 살인사건의 유일한 목격자인 고물장수를 죽일 때 다시 한번 등장한다.

〈마더〉 역시 봉준호의 영화답게 비 오는 장면이 크게 세 번 나온다. 첫 번째는 아들을 구명하기 위해 경찰 재문의 집에 숨어 있을 때, 두 번째는 진태의 주거지에서 획득한 골프채를 경찰에 넘겼으나 우스운 꼴만 당한 엄마가 참담한 심정으로 경찰서를 나올 때 세찬 비가 내린다. 재문이 건네는 우산도 마다한 엄마는 장대비를 맞으며 걷다가 마주친 고물상에게서 우산을 산다. 가장 중요한 세 번째 비 오는 장면은 집으로 돌아와 진태와 맞닥뜨린 엄마가 직접 범인을 잡기 위해 문아정의 시체가 걸려 있던 옥상으로 향하는 시퀀스다. (김혜자가 경찰서에서 나오는 신은 전남 여수경찰서에서 촬영했다. 경찰서 장면의 촬영지도 같은 곳이다. 이곳은 여수 시내에서 고속도로로 접어들기 시작하는 도로변에 위치해 있다.)

봉준호는 영화마다 작심하고 찍는 3대 시퀀스가 있다고 말한 바 있다. 감각을 총동원해 집중해서 잘 찍고 싶어 하는 신이 있는데, 〈마더〉에서는 진구가 등장하는 비 오는 신이 그중 하나다. 앞서 변호사를 만나고 집으로 돌아온 김혜자는 아들 방에서 인기척을 느끼고, 아들 친구인 진구와 마주친다.

진구가 김혜자 집에 들이닥쳐 옷을 벗었다 입었다 하며 협박하는 쇼트. 어둡고 음습한 분위기의 집 안에서 좁은 마루를 가로질러 부엌으로 이동하기까지 진구와 김혜자 사이에는 날선 긴장감이 감돈다. 생사람을 범인 취급했으니 위자료로 500만 원을 달라는 진구와 이 상황을 모면하려는 김혜자의 절박함이 돋보이는 신이다. 실내 장면이지만 밖에는 비가 내린다. 도덕과 윤리가 실종된 공동체 정조가 고스란히 담겼다. 두 사람 사이의 대화에서 묘한 섹슈얼리티도 풍긴다. "시발 존나게 섭섭하네, 니가 나한테 이럴 수 있어?"라고 했다가 "어머니 잘 생각해 봐"라고도 했다가 "엄마!"라고도 했다가. 일관된 호칭이 없는 도무지 가늠하기 힘든 관계다.

다음은 김혜자가 사건 현장으로 달려가는 신이다. 봉준호가 직접 작성한 스토리보드에는 '빗속을 달리는 혜자의 발'이라고 되어 있다. 사람들 보란 듯 시체를 전시한 거라는 진구의 말에 동네 전체를 조망할 수 있는 옥상으로 올라가, 마치 마을 전체의 응시 대상이 되는 쇼트. 온 마을 집들이 아정의 시체를 볼 수 있는 위치에서 아정의 눈빛이 되어 온 마을을 바라보는 엄마의 얼굴 위로 빗방울이 떨어진다. 어둠 속의 눈동자처럼 켜진 주택가 조명이 그날 밤 모든 범행을 목격한 듯 반짝인다. 모두가 범인으로 지목한 아들을 위해 직접 범인을 잡겠다고 다짐하는 엄마의 비장한 결심을 익스트림 롱숏의 카메라가 뒷받침한다.

이 신은 부산 문현동 주택가 비탈에 오픈세트를 짓고 촬영했다. 밤 장면인데 비가 내렸다. 비 오는 밤 장면을 촬영한다는 건 조명팀의 노동량이 배가 됨을 의미한다. 무거운 조명

장비를 짊어지고 올렸다가 내리기를 반복해야 하기 때문이다. 촬영장에 가장 일찍 도착해 준비하고 가장 늦게 철수하는 게 촬영팀과 조명팀이다. 비까지 내리니 비의 형태를 감싸주면서 그 비가 인물을 가리지 않게 세심한 주의를 기울여야 한다.

〈마더〉는 우리에게 도덕적 선택을 묻는 영화다. 소녀가 죽었고 그 죽음에 내 가족이 연루되었다. 당신은 어떻게 할 것인가, 라는 물음말이다. 영화의 마지막에서 엄마는 자신의 허벅지 위를 찔러 망각을 선택한다. 개인적인 속죄가 불가능하기 때문이다. 구조적으로 계급 전체가 위선과 부정으로 덧칠되었기 때문이다. 영화가 선택한 공간은 생존 욕구가 도덕을 원천 봉쇄하는 곳이다. 김혜자의 약재상도, 진구의 낚시점도, 변호사 사무실도, 변호사가 유일하게 앉은 술집도, 기어이 살아남겠다는 원초적 본능만 꿈틀댄다. 정의와 도덕 따위는 아랑곳하지 않은 채 생존이 유일한 삶의 가치가 되었다. 원빈이 던진 "죄가 몇 바퀴 돌아서 내게 오는 거야?"라는 말은 그래서 의미심장하다.

엄마는 삶이 힘들어 5살 아들에게 농약을 먹이고 자기도 죽으려 했으나, 후유증으로 아들은 바보가 되었다. 아들은 바보라는 말에 돌을 던져 문아정을 죽였다. 부모 없이 할머니를 부양하는 문아정은 친척들의 냉담 속에서 쌀을 받고 몸을 파는 쌀떡소녀가 되었으며, 소녀를 취한 이들 중에는 그날 밤 모든 상황을 목격한 고물장사도 있었다. 고물장사는 자신이 목격한 것을 발설해 엄마에게 죽임을 당하고, 엄마의 침구통은 아들

죄가 죄를 낳고 죄를 덮기 위해
죄를 잉태하는 무한반복 구조.
어느 한 사람이 어느 한 집단의 속죄로
해결될 일이 아니다.

손에서 다시 엄마에게 건네진다. 죄가 죄를 낳고 죄를 덮기 위해 죄를 잉태하는 무한반복 구조. 어느 한 사람이 어느 한 집단의 속죄로 해결될 일이 아니다. 모두가 공범인 공간, 사적 속죄가 불가능한 계급구조 위에서 죄악은 배태되었다.

그래서 영화는 죽은 문아정이 아닌 '죽을 종팔이'를 애도한다. 종팔이 면회를 마친 엄마가 통곡하는 것도 같은 맥락이다. 필사적으로 자식의 범죄 사실을 벗겨줄 엄마가 없는 최하층 계급인 종팔이를 애도하던 엄마는 마침내, 이 모든 것을 잊기로 결심한다. 자식의 살인과 자신의 살인을 모두. 이병우의 기타 소리에 흔들리는 춤사위. 처음으로 석양이다. 빛이다.

"어두운 세상에서 아주 가끔씩 즐거운 일로 위로를 받는 것이 인생이니까."

_ 봉준호, 〈마더〉 인터뷰 중에서

〈플란다스의 개〉 2000
네 시작은 미약했으나 끝은 창대하리라

예전 비디오 가게에 가면 장르별로 비디오가 진열되어 있었다. 액션, 코미디, 드라마, 공포 등등. 그런데 가끔 제 장르를 찾지 못해 애매한 코너에 꽂히는 비디오도 있었다. 봉준호는 자신의 데뷔작 〈플란다스의 개〉를 어디에 꽂아야 할지 모르는 영화로 만들고 싶었다고 말했다.

싸이더스의 차승재 대표가 "야, 너 뭐로 데뷔할래?"라고 묻자 봉준호의 대답은 이랬다. "잘 들어보세요. 옆집 강아지가 짖어서… 남자가 옆집 강아지를 어떻게 했는데, 알고 보니 그 개가 아니고…." 한참 듣던 차승재는 "뭘 하려는지 모르겠는데 진행비는 줄 테니 시나리오 먼저 써 봐"라며, 시나리오 가지고 얘기하자고 말했다. 봉준호가 시나리오를 가져갔을 때 뭐 이런 걸로 장편을 찍느냐고 구박을 받았다. 오기가 생겼다. 이런 걸로도 장편영화를 만들 수 있다는 걸 보여주고 싶었다. 그렇게 데뷔작 〈플란다스의 개〉가 탄생했다. 예전 'CGV 영화 오래보기 대회'의 새벽녘, 몇 차례 고비를 넘긴 씨네필(학문적·전문적 성향의 영화 마니아)을 여지없이 꼬꾸라뜨린 그 영화 〈플란다스의 개〉 말이다.

〈플란다스의 개〉는 복도식 아파트에서 추격전이 벌어지는 엽기 영화다. 대학교수가 되고 싶어 하는 강사가 나오고 아파트 관리실 여사무원과 경비원, 노숙자가 등장한다. 봉준호는 아파트라는 주거 공간을 미분화시킨다. 지하실, 옥상, 복도를 분할하여 각각의 에피소드를 채워 넣는다. 아파트 지하실은 경비원과 청소용역의 쉼터다. 주민들이 쓰다 버린 가구와 가전 등이 쌓여 있고 나름의 살림살이를 채워놓은 또 하나의 지하세계다. 옥상은 본드나 부탄가스를 흡입하는 청소년들의 비행공간이자 고추를 말리려 널어놓은 시골스러운 공간이다. 한편 아파트 관리사무실은 우울한 공간이다.

반려견 소동으로 인해 각각의 공간에서 각자의 삶을 살던 사람들이 만나고 묶인다. 여상을 졸업한 배두나가 무료하고 썰렁한 아파트 관리사무실에 근무하다 대학교수가 되려는 이성재와 맞부딪히는 것도 소동극 때문이다. 개를 잡아먹은 경비원과 개 도둑이라는 누명을 쓴 노숙자까지 다양한 계급과 성향이 엮이는 드라마를 통해 봉준호는 '대체 사람이란 무엇인가'라는 실문을 우리에게 던진다. 자식도 없이 끔찍이 아끼던 개가 죽어 시름시름 앓다 죽는 할머니와 그저 간식거리로 개를 잡아먹는 경비원이 같은 공간에 공존한다는 아이러니 말이다.

봉준호는 추격신을 좋아한다. 〈플란다스의 개〉는 복도식 아파트의 추격전을 적나라하게 보여준다. 〈살인의 추억〉도 그랬지만 〈괴물〉도 용의자와 괴물, 방역 관리요원 사이의 쫓고 쫓기는 추격전을 전시한다. 배두나와 이성재의 추격전에서, 그러니까 개를 죽인 파렴치한 범죄자 이성재가 도망갈 때 카메라는 스테디캠으로 배우와 같이 뛰다가 멀찍이 건너 동에서 롱 쇼트로 시점을 바꾸는 기발함을 보인다. 봉준호라서 가능한 발상이다.

할머니의 개를 죽인 이성재는 아내가 데려온 개를 잃어버려 밤새 찾아다닌다. 아이러니다. 〈플란다스의 개〉에서 비 내리는 장면이 나오는 것도 이 지점이다. 산책을 하다 잃어버린 순자를 찾다 돌아온 밤, 아내는 불같이 화를 낸다. 그 개가 어떤 개인 줄 아냐고. 11년 회사생활로 받은 퇴직금 1,648만 원에서 40만 원을 주고 데려온(처음으로 내 돈 내 맘대로 써본) 거라고. 나머지는 몽땅 너 교수 되는 데 보태려고 했다고. 이때 천둥소리와 함께 비가 내린다. 비가 쏟아지고 편의점에서 화장지를 풀어 굴리는 아내와 강아지를 찾는 전단지를 만들어 밤새 붙이는 이성재의 뒤로 세찬 빗줄기가 내린다. 서로의 마음이 조금씩 공집합을 이루는 쇼트다. 거센 빗줄기가 두 사람을 이어준다.

편의점의 큼지막한 간판과 환한 불빛으로 인해 빗줄기가 선명하게 보인다. 키 조명 없이도 가능했을 장면이다. 우비를 입은 이성재 신 역시 아파트 곳곳의 가로등 덕분에 비가 선명하다. 비 내리는 쇼트는 짧지만 강렬했고, 비의 양도 충분했으며, 무엇보다 선명해 이야기를 전환하기에 충분했다.

〈플란다스의 개〉는 타락과 순수에 관한 이야기다. 또한 순응과 저항에 대한 공포도 담아낸다. 변희봉이 무려 6분 동안이나 쉬지 않고 쏟아내는 보일러 김 씨에 관한 이야기는 사회통념에 순응하지 않고 타협하지 않는 사람(보일러 김 씨는 건설사와 보일러 시공사의 담합과 부정을 알아챘다)은 매장당한다는 걸 보여주는 상징적인 장면이다. 이는 이성재의 경쟁자 격인 선배가 학장과의 술자리 이후 지하철역에서 사고를 당하는 장면으로 확연해지는데, 마치 학문을 더럽히고 학교를 비즈니스의 장으로 여긴 사람에게 내린 징벌의 의미로 읽힌다(정작 거대악인 학장은 건재하다).

봉준호는 현실의 음영과 영화적 음영을 반대로 놓으면서 영화를 끝낸다. 〈플란다스의 개〉의 시작은 숲이다. 영화의 오프닝에서 선배와 통화하는 이성재는 숲을 바라보며 산에 놀러 가서 낮잠이나 잤으면 좋겠다고 말하지만, 끝내 그는 숲에 도달하지 못한다. 마침내 돈을 내고 교수가 된 이성재는 강의실에서 슬라이드 상영을 위해 커튼을 쳐 숲을 가린다. 꿈꾸던 교수가 되었으나 숲을 볼 수 없는 처지가 된다. 반면 배두나는 푸른 숲으로 간다. 현실에서 배두나는 아파트 관리사무실에서 해고되었지만 순수함을 잃지 않는다. 이를테면 이성재가 닫은 커튼 너머 햇살 가득한 숲속으로 배두나가 들어가면서 영화는 끝이 난다. 〈플란다스의 개〉는 일상과 판타지의 경계를 적절히 섞어내는 봉준호 영화 세계의 시작이다.

〈괴물〉 2006
진짜 괴물은 우리 안에 있다

영화는 한강 둔치에서 매점으로 생계를 잇는 가족이 괴물과 사투를 벌이는 이야기다. 괴물은 미군 기지에서 방류한 포름알데히드와 연관이 깊다(미 8군 34사령부 내 영안소 부소장 앨버트 맥팔랜드가 한국 부하직원에게 지시한 방부처리용 포름알데히드의 싱크대 방류 사건). 이 때문에 정치적 독해를 피할 길이 없어 보인다. 하지만 봉준호 감독이 언론을 통해 입버릇처럼 밝혔거니와 굳이 이 책에서 분석과 비평을 쏟아낼 이유는 없을 듯하다 (평론집이 아니라고 분명히 말했다). 그럼에도 불구하고 〈괴물〉은 당대 한국 사회에 대한 은유이자 풍자다.

〈괴물〉의 '괴물'은 할리우드 특수효과 회사인 오퍼나지와 뉴질랜드 웨타 워크숍, 호주의 존 콕스 크리처 워크숍이 합세해 제작했다. 배경은 한국의 EON이 맡았다. 봉준호는 괴물의 등장과 괴물의 활동에 관심이 없어 보인다. 할리우드 SF영화나 일본의 괴수영화에서 보던 괴물과 사뭇 다른 모습이다. 통상의 괴수영화에서 괴물은 다양한 배경과 원인을 품은 채 음산하고 기괴한 풍경 속에서 서서히 등장한다. 반면 봉준호의 괴물은 대낮 한강 둔치의 탁 트인 공간에 보란 듯이 출몰한다. 마치 〈마더〉에서 진구가 이야기하는 "무슨 시체를 전시한 것도 아니고 말이야. … 봐라! 동네 사람들, 시체 잘 보이냐. 뭐 그런 거"처럼 괴물 역시 모두가 볼 수 있는 공간에서 활개를 친다(버스를 타고 한강 다리를 건너는 승객들 역시 날뛰는 괴물을 본다). 괴물은 '맥거핀'에 가깝다.

봉준호 영화답게 〈괴물〉에도 비 내리는 장면이 등장한다. 말했듯이 봉준호 영화에서 비가 오면 어떤 사건의 국면이 전환된다. 변곡점이거나 클라이맥스거나. 타이틀 시퀀스, 2000년 2월 미 8군 사령부에서 포름알데히드를 방류한 지

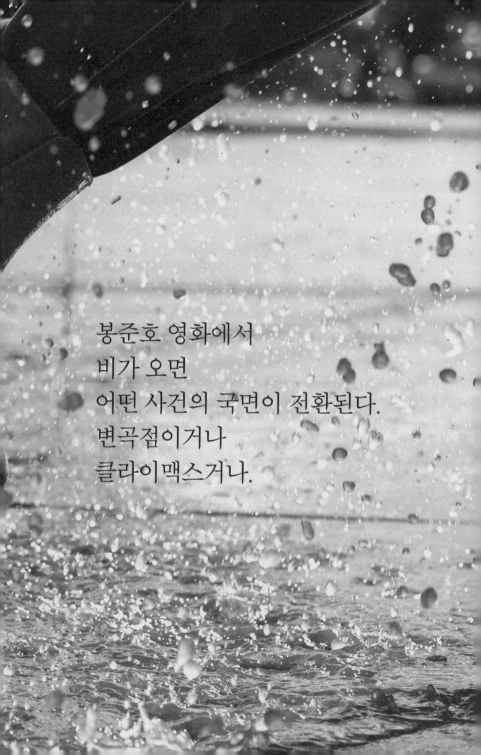

봉준호 영화에서
비가 오면
어떤 사건의 국면이 전환된다.
변곡점이거나
클라이맥스거나.

2년이 지난 2002년 2월. 잠실대교 아래에 있던 두 명의 낚시꾼은 돌연변이 생물체를 잡았으나 놓아준다. 다시 4년이 흐른 2006년 10월 세찬 비가 퍼붓는 한강대교에서 투신자살하는 사장의 쇼트. 얼굴을 타고 흘러내릴 정도로 비에 흠뻑 젖은 것도 아랑곳하지 않고 한참 동안 시커먼 강물을 응시하던 그는 "니들 방금 봤냐? 커다랗고 시커먼 것"이라고 중얼거리더니 "끝까지 둔해 빠진 새끼들"이라는 말과 함께 강물로 떨어진다. 그리고 자막에 새겨지는 두 글자 '괴물.'

　　두 번째는 괴물에게 잡혀간 현서로부터 걸려 온 전화를 받고 가족들이 병원에서 탈출해 괴물과 사투를 벌이는 장면이다. 1,140만 원에 총 몇 자루와 방역용 고물 트럭과 한강 지도를 획득한 강두의 가족은 현서를 찾기 위해 한강으로 향한다. 한강에 다다랐을 즈음, 이미 비는 내리고 있었다. 그 사이 괴물은 방역 관리요원 두 명을 삼켜버리고 마침내 강두의 매점 앞까지 진출한다. 정확하게 영화가 시작되고 절반이 지난 지점이다. 그러고 보면 〈마더〉에서 진태의 말을 들은 엄마가 빗속에 범행 장소로 향하는 쇼트 역시 러닝타임의 절반을 지날 때다. 〈기생충〉에서 해고당한 문광이 박사장 집에 찾아와 지하실의 비밀이 밝혀지는 것도 비 내리던 밤이고, 시점도 러닝타임이 반환점을 돌았을 때다.

　　결전의 순간, 날은 이미 밝았지만 빗줄기는 줄어들 기미를 보이지 않는다. 밤새 내리는 빗속에서의 혈투. 그러나 총

86

알이 소진된 상황에서 차로 돌아가는 두 아들은 아버지에게 그냥 오라고 만류한다. 이때 카메라는 강두와 아버지를 교차로 잡으면서 두 아비의 속내를 생생하게 전달한다. "새끼 잃은 부모 속 냄새를 맡아본 적이 있느냐"고 "부모 속이 한 번 썩어 문드러지면 그 냄새가 십 리 밖까지 진동하는 거라"며 강두에게 잘하라고 부탁하던 아버지가, 스스로 괴물과 끝장을 보겠노라 다짐하고 강두와 나란히 걸으며 눈빛을 주고받을 때 비장미는 극에 달한다. 뒤에서 다가오는 무자비한 괴물의 실루엣과 강두에게 피하라고 손짓하는 아버지의 체념한 얼굴이 빗속의 운명적 순간을 처연하게 증언한다. 비가 퍼붓는 콘크리트 바닥에 신문지로 얼굴을 가린 박희봉의 시신은 이어지는 TV 뉴스, 즉 자신의 몸을 던져 바이러스의 존재를 알리려 했다는 도널드 하사관의 사망 소식(그의 몸에선 어떤 바이러스도 발견되지 않았고 수술 중 쇼크로 죽은)에 각계의 애도가 잇는다는 보도와 대조된다.

그러니까 괴물이 형태와 크기를 갖춘 채 한강대교에서 포착될 때 비가 내렸고, 강두의 가족과 괴물이 근거리 추격전을 벌일 때 비가 내린다. 괴물의 등장으로 야기된 혼란과 공포를 수습하기 위해 괴물과 직접 맞서 싸우는 방역당국 관계자도 경찰도 군대도 보이지 않는다. 오직 강두의 가족만이 비극적 상황을 악용하는 브로커의 먹잇감을 감수하면서 괴물과 부딪히고 (강두 가족이 괴물과 사투를 벌일 때 뒤에 쫓아오는 경찰은 괴물이 아닌 강두 가족을 잡으려는 것이다), 그때 억수 같은 비가 내린다.

영화에서 '괴물'은 가공할 만한 위력을 지니고 있지 않다. 다른 괴수영화에서 어디선가 나타난 괴물이 도시나 해안 휴양지를 쑥대밭으로 만들고 사람들을 아비규환에 몰아넣는다면, 봉준호의 괴물은 동물원을 탈출한 하이에나 수준이다. 아무도 괴물을 쫓지 않는다. 오직 송강호의 가족만 추격에 나선다. 다시 말해 괴물이 처음 한강 둔치에 나타나 일대를 아수라장으로 만들고 현서를 납치했을 때, 그리곤 흔적도 없이 사라졌을 때 송강호와 가족들만 남는다. 사람들은 마스크를 쓰고, 매체는 가짜 뉴스를 양산하고, 검역시스템은 부실하고, 한국 정부와 미국은 화학무기 '에이전트 옐로우'를 살포하는 데 결탁할 뿐 괴물에 대한 정보와 연구는 전무하다. 봉준호는 괴물과 접촉한 이들에게서 바이러스를 찾는 일에 혈안이 된 방역당국의 무능과 무기력한 모습을 통해 한국 사회의 씁쓸한 단면을 짚는다. 결국 진짜 괴물은 무단 방류로 생겨난 괴생명체가 한바탕 소동을 일으킨 후에야 등장한다.

괴물이 사라진 자리를 대신하는 건 정치적 이슈와 미디어 뉴스 그리고 거짓 정보다. 사람들을 움직이는 건 공포와 불안이다. 공포정치는 이렇게 본질을 다른 방향으로 돌리며 국민을 통제한다. 영화에서 바이러스 공포의 유포는 시스템과 정치가 괴물처럼 작동한다는 사실을 보여준다. 코로나19로 인한 2년간의 격리와 거리두기 방역은 자신의 안전을 핑계 삼아 서로를 의심하게 만들었다. 실제 바이러스의 치명률 공포가 사라진 이후에도 확진자 숫자만으로 사람들의 손발을 묶을 수 있었던 건 공포정치 덕분이었다. 한국 사회는 위기의 순간마다 정치적 이슈를 창조·양산·유통하며 시스템 위에 군림해왔다. 예컨대 레드콤플렉스는 가장 정치적이고 사회적이며 견고하게 창조되어 살포된 괴물이다. 오랜 시간 한국 사회를 지배해온 이데올로기이자 소위 '먹히는' 아이템이다. 레드콤플렉스 색채가 희미해진 2022년 한국 사회, 코로나바이러스와 변종들이 그 자리를 대신했다.

봉준호는 진짜 괴물을 봐야 한다고 말한다. 착각과 오인에서 벗어나라고 권유한다. 말해도 듣지 못하고 봐도 보지 못하는 "끝까지 둔해 빠진 새끼"가 되지 말자고. 인간이 가진 맹목성이야말로 현실을 가리는 괴물이다. 한국 사회에 아직 잔존하는 괴물을 똑바로 보길 바라는 봉준호의 마음은 〈살인의 추억〉에서 송강호가 관객을 응시하는 시선에, 〈괴물〉의 송강호가 마지막 한강 둔치를 응시하는 눈에 담겼다. 진짜 괴물은 우리 안에 있다.

샘 멘데스의 숙명

통제 불가능한 상황으로 이끄는
눈물 같은 비

'촬영의 역할이란 영화의 이야기를 이해하고, 감독의 생각을 자신의 관점과 빛을 통해 시각적으로 표현해 영화의 완성을 도모하는 것이다.'

이전까지 '길게 찍기'를 말할 때 이 분야의 최고수는 엠마누엘 루베즈키였다. 〈그래비티〉와 〈버드맨〉에서 보여준 무시무시한 롱 테이크(Long Take: 하나의 쇼트를 길게 촬영하는 기법)는 영화 마니아가 아니더라도 눈길을 사로잡기에 충분했다. 하지만 오래지 않아 영화 팬을 열광하게 만든 또 다른 형식의 메커니즘이 도착했다. 다수의 관객은 원 테이크(One Take: 촬영을 끊지 않고 한 번에 찍는 기법)일지도 모른다고 생각했다. 혹자는 최소한 3회 이내에서 컷이 잘렸을 거라 확신했다.

'원 컨티뉴어스 쇼트(One Continuous Shot)'. 이전까지 생소한, 들어는 봤으나 실체를 확인하기 힘든 용어가 튀어나왔다. 샘 멘데스의 최근작 〈1917〉이 로저 디킨스의 카메라를 통해 완성되는 과정을 설명하는 메커니즘, 바로 원 컨티뉴어스 쇼트다. 영화 전체를 하나의 흐름으로 유연하게 보이게 하려면 철두철미한 준비작업이 필수다. 〈1917〉은 장장 6개월간의 리허설 작업이 필요했다. 이 리허설은 단순히 전체 신을 한 큐에 가기 위한 연습이 아니라, 영화를 하나의 컷처럼 보이도록 배우의 동선을 짜고 계산하는 작업이었다. 그러니까 참호에서 출발한 두 병사가 무인지대를 지나 마을로 진입하는 과정 동안, 두 병사가 이동하는 곳곳에 필요한 세트를 미리 만들어 놓는 방식이 아니다. 다시 말해 먼저 세트를 제작하는 게 아니라 배우의 대사와 움직임에 따라 카메라를 움직이면서 최적의 위치에 세트를 짓고, 또 이동해 다른 세트를 만들며 전진했다. 인물이 전진함에 따라 세트가 지어지고 확장되면서 전체 그림이 완성되는, 드물지만 가장 이상적인 촬영 현장을 구현했다.

〈1917〉은 하루 동안 벌어진 이야기다. 영국군 병사 블레이크와 스코필드가 참호를 떠날 때부터 목적지에 도달할 때까지 하늘과 대지는 온통 잿빛이다. 멘데스는 당장이라도 비가 내릴 듯한 흐린 날을 골라 촬영했다. 전장을 질주하는 두 명의 병사를(후에 한 명이 되는) 포착하는 카메라 그림자가 노출되면 안되기 때문이다. 불꽃이 일렁이는 마을을 지나는 밤 장면은 더 세심한 주의가 필요했다. 카메라 그림자가 보이지 않도록 동선을 확보한 상태에서 촬영했다. '맑은 날을 싫어하는 남자'라는 별명이 붙은 까닭이다. 샘 멘데스는 맑은 날을 싫어한다기보다 비 오는 장면, 즉 비를 즐겨 사용하는 감독이다.

샘 멘데스는 데뷔작 〈아메리칸 뷰티〉부터 시작해 연이은 네 편의 영화에서 비를 뿌린다. 심지어 〈스카이폴〉에는 007시리즈에선 보기 드물게 비 오는 장면이 두 번이나 나온다. 이상한 일이 아니다. MI6 본부가 영국에 있다면 그동안의 시리즈에선 왜 비 오는 런던을 보여줄 생각을 하지 않았을까, 라고 의문을 품는 게 합리적인지도 모른다. 〈스카이폴〉의 첫 번째 비 오는 쇼트는 작전 수행 중 오발 사고로 죽은(실은 죽은 것으로 처리된) 007의 사망서류를 보는 M의 사무실 장면이다. 밤비 내리는 창을 등지고 앉은 수장의 복잡한 심경을 보여준다. 두 번째는 MI6 본부에서 발생한 폭탄테러로 숨진 요원의 빈소를 M이 들렀다 집으로 돌아오는 쇼트. 제임스 본드가 M의 집으로 돌아와 복귀를 신고한다. 멘데스 영화에서 비는 죽음과 관련이 깊다. 〈스카이폴〉에서 비는 M을 집요하게 따라다닌다(M의 죽음을 예고하는 영화다).

샘 멘데스 영화에서 비는 부정의 이미지다. 극을 완전히 압도하거나 서사의 줄기를 바꾸는 매개로 비를 사용한다. 최악의 순간을 직조하는 용도로 비를 쓰기도 하며, 각성과 재인식을 촉구할 때 비가 내리기도 한다. 뜬금없어 보이지만 자세히 살펴보면 납득할 만한 이유가 차고 넘친다. 디테일의 대명사 봉준호 못지않게 완벽주의자로 정평이 난 감독이 샘 멘데스라는 사실을 잊지 말자. 그럼에도 샘 멘데스만큼 촬영감독의 능력과 노고를 잘 간파하는 감독은 드물다. 데뷔작 〈아메리칸 뷰티〉와 두 번째 영화 〈로드 투 퍼디션〉은 깊은 명함 대비의 마술사 콘래드 홀과 함께했고, 〈자헤드: 그들만의 전쟁〉부터는 빛과 그림자의 창조주 로저 디킨스와 호흡을 맞췄다.

〈아메리칸 뷰티〉 1999
비가 내리자 모든 게 끝장나버렸다

"난 번듯한 아빠를 원해. 내 친구나 넘보며 팬티에 사정하는 아빠 말고."

〈아메리칸 뷰티〉는 아빠에 대한 적개심을 드러내는 딸 제인의 독백으로 시작한다. 세계 영화제를 싹쓸이하며 세상을 깜짝 놀라게 만든 샘 멘데스의 데뷔작 〈아메리칸 뷰티〉는 콘래드 홀의 카메라에서 나왔다. 〈로드 투 퍼디션〉이라는 기념비적 갱스터 영화를 유작으로 남기고 76세의 나이로 생을 마감한 콘래드 홀. 그는 자신의 카메라를 통해 새로운 감독의 재능을 부각시키는 역할을 해온 인물로, 그 최대 수혜자는 막 데뷔를 앞둔 샘 멘데스였다. 콘래드 홀에 따르면 〈아메리칸 뷰티〉 각본은 그다지 매력적인 작품이 아니었다. 하지만 샘 멘데스를 만난 후 그는 자기가 받는 통상 개런티의 반만 받고 작품에 참여하기로 한다. 신인 감독이지만 무엇을 보여주고 무엇을 보여주지 않을 지 그리고 다양한 영화적 분위기도 알고 있었다고 전한다.

　〈아메리칸 뷰티〉는 슬프고 불온하다. 평범한 중산층 가장인 레스터 번햄은 1년 안에 자신이 죽을 거라 예견한다. 그 보다 앞서 레스터의 딸 제인은 누군가 아빠를 없애줬으면 좋겠 다고 말한다. 죽음을 향한 비선형적 그러나 정직한 발걸음으로 시작하는 영화가 〈아메리칸 뷰티〉다. 콘래드 홀은 잘 짜인 구조 속에서 판타지와 핸드헬드(Handheld: 카메라를 어깨에 메거나 손 으로 직접 들고 촬영하는 기법)로 촬영한 비디오를 적절하게 사용 한다. 단순하면서 선명하고 고전적인 분위기를 얻기 위한 선택 이다. 콘래드 홀은 명암 대비의 장인다운 솜씨도 발휘한다. 영 화 종반 레스터 번햄과 안젤라가 거실에서 밀회를 즐길 때 어둠 속에서도 장미가 도드라져 보이는 신은 찬사를 부를 정도로 압 도적이다. 이처럼 어둡고 밝은 대조를 통해 배경이 되는 도시의 삶의 불안정을 사실감 넘치게 표현했다. 그는 색채로 공간이 만 들어지는 걸 선호하지 않는 촬영감독이다. 색채가 아닌 빛이 공 간을 분할하고 직조한다고 여겼다. 〈아메리칸 뷰티〉 역시 컬러 대신 빛으로 공간의 깊이를 만들려고 애썼다. 조명이 채색 과정 이고 공간을 만들어낸다고 믿는 사람이었다.

〈아메리칸 뷰티〉에서 콘래드 홀이 보는 세상은 완전한 균형 상태가 아니다. 레스터 번햄과 이웃 피츠 대령 가족 모두 안정된 중산층으로 보이지만 내면은 불안정하다. 언젠가, 무언가 폭발할 것 같은 불안정성이 가득한 탓에 구성원도 시스템도 정상적으로 기능하지 못한다. 레스터와 캐롤린, 레스터와 제인, 피츠와 그의 아들 그리고 피츠의 아내. 아빠가 사라지길 바라든, 당하기 전에 선수를 치든, 숨겨진 동성애 취향을 마초 근성으로 포장하든, 마약을 팔고 탈주를 꿈꾸든. 그들이 무엇을 꿈꾸고 무엇을 잃어버리든지 영화 속 인물들은 모두 정상 범주 밖이다. 인간성의 밑바닥을 끄집어 올려 당당하게 전시하는 샘 멘데스의 결기와 콘래드 홀의 내보이고 숨기기를 반복하는 카메라가 손잡았을 때, 〈아메리칸 뷰티〉는 진정한 아메리칸 스플렌더(자유와 평등이 깃든 행복한 가정을 바탕으로 찬란하게 우뚝 선 미국의 영광)에서 멀어져 갔다. 마치 추한 것에서 아름다움을 발견하려는 리키와 정반대의 시선 속에서.

이처럼 각자의 욕망대로 혹은 욕망을 가족 이외의 사람에게만 드러내며 영화가 클라이맥스에 도달하는 순간. 그러니까 러닝타임 1시간 30분을 통과하는 바로 그 순간, 비가 내린다. 리키가 아버지에게 손찌검을 당해 가출을 결심한 밤, 안젤라가 레스터를 찾아온 밤, 나만 희생될 순 없다고 결정한 밤, 그날 낮은 화창했다. 동업자와의 외도를 남편에게 들킨 캐롤린이 나만 망가질 순 없다며 절규하는 순간 비가 쏟아진다. 자신을 거절한 레스터에게 아들을 빼앗길지도 모른다는 불안감에 휩싸인 피츠가 손에 산탄총을 들고 레스터를 겨냥할 때, 사랑 없는 결혼을 끝내기 위해 캐롤린이 들어 올린 장전된 피스톨의 총구가 레스터를 향할 때 레스터는 안젤라와의 밀회를 꿈꾸며 거실 창문 앞에 선다.

비 내리는 창문을 배경으로 안젤라와 레스터가 함께 선 쇼트에서 카메라는 둘의 은밀한 만남을 의식하듯 천천히 트래킹한다. 인물은 어둠 속에 가려지고 프래티컬 조명을 이용해 창밖을 환하게 비춤으로써 대조를 이룬다. 이때 인물과 배경의 명암 대비는 긴장감을 증폭시키면서 리얼리티와 판타지의 경계를 느슨하게 만든다. 색채에 따른 공간 구분을 최소화하는 대신 조명으로 공간의 깊이를 살리는 데 탁월한 콘래드 홀의 솜씨다.

세차게 내리는 비는 영화 엔딩까지 무려 30분간 지속된다. 집에 도착한 캐롤린이 차를 세웠을 때 빨강 현관문을 환하게 밝히는 불빛. 그로 인해 가늠할 수 있는 빗줄기의 양. 그러나 그 문 뒤에서 벌어진 일들. 샘 멘데스와 콘래드 홀은 아메리칸 뷰티를 좇았으나 아메리칸 더티로 끝맺을 수밖에 없는 일그러진 시대의 초상을 완벽하고 여백 넘치게 스크린에 흩뿌려놓았다.

〈로드 투 퍼디션〉 2002
그는 내 아버지였다고

"우리 아버지가 좋은 사람이었는지, 악당이었는지, 누가 물으면 늘 같은 대답을 한다. 나는 이렇게 말한다. 그는 내 아버지였다고."

샘 멘데스의 두 번째 영화 〈로드 투 퍼디션〉은 미국 역사상 마지막 무법시대의 아버지와 아들에 대한 신화적 서사를 다룬다. 1930년대 시카고를 배경으로 아일랜드계 마피아의 이야기를 다룬 맥스 앨런 콜린스의 소설이 원작이다. 폭력적이고 장엄한 캔버스를 디자인한 건 의상 디자이너 앨버트 올스키와 프로덕션 디자이너 데니스 가스너 그리고 촬영감독 콘래드 홀이다.

샘 멘데스가 원한 대로 이 영화는 2001년 겨울과 봄, 일리노이주 시카고에서 촬영했다. 로케이션 기간 동안 실제로 비와 눈이 내려 촬영 현장은 진흙탕이었다. 일리노이 주방위군 주둔지인 제너럴 존스 아모리에 설리반의 집과 루니의 맨션 내부를 포함한 세트를 지었는데, 콘래드 홀에게는 큰 의미를 가진다. 완전하게 통제할 수 있는 조명을 갖춘 촬영 공간을 확보했기 때문이다.

멘데스와 홀은 영화 전반의 조명을 위해 에드워드 호

퍼의 그림, 특히 1939년 작 〈뉴욕 극장(New York Movie)〉을 참고했다. 촬영감독 콘래드 홀은 '적을수록 좋다'는 경구에 따라 호퍼 그림과 유사한 분위기의 조명을 사용해 1930년대 대공황 시대의 정조를 표현하는 데 초점을 맞췄다. 일례로 전체적으로 어둡고 스산한 느낌을 자아내기 위해 실외에서 낮 촬영 시 검은색 실크로 필터링하여 그늘 같은 느낌을 만들었다.

1931년 겨울 6주간 아버지와의 동행을 기록한 〈로드 투 퍼디션〉의 중심은 아버지와 아들이다. 아버지 마이클 설리반은 평생 보스에 헌신한 냉혹한 킬러. 그러나 아들에 대한 사랑은 지극하다. 영화의 분위기는 차갑고 어둡다. 자기처럼 살지 말기를 바라는 아버지의 마음이 전달되는 과정이 관건이다. 콘래드 홀은 이 영화에 다채로운 색이 입혀지는 걸 원치 않았다. 그래서 과장되고 들뜬 분위기 대신 조명을 사용해 차분하고 묵직한 공간감을 만들었다. 이미 〈아메리칸 뷰티〉에서 여러 차례 시도한 방식이다. 더욱 차가운 이미지를 만들기 위해 후반 작업에선 블리치 바이 패스(Bleach by Pass)를 사용해 흑백영화 같은 이미지를 구현했다.

콘래드 홀의 카메라는 영화 초반 아버지의 실체를 모르는 아들의 관점을 보여주기 위해 톰 행크스를 의도적으로 멀리 잡는다. 방문 사이로 일부만 보이는 아버지의 형상과 문을 둘러싼 그림자. 아들과 아버지의 거리감을 나타내기 위해 광각 렌즈를 사용한 이 장면은 멘데스가 원하는 디자인에 완벽하게 부응했다. 저녁 식사하러 내려오라는 말과 함께 멀어지는 아들의 모습은 점점 어둡고 흐릿하다.

영화는 비 오는 밤 아들이 아버지의 실체를 확인하면서 급반전한다. 마이클과 코너가 장례식에서 소란을 피운 핀을 달래기 위해 찾아간 창고에서 총격전이 벌어지고, 아들은 아버지가 어떤 사람인지 확인한다. 차 뒷좌석에 몰래 탄 아들이 아버지와 코너의 뒷모습을 바라볼 때, 카메라는 인물의 윤곽에 치중한 앙각 쇼트로 두 사람의 모호한 정체성을 설명한다. 건물에 일렬로 배치된 외벽 등과 자동차 헤드라이트로 비 오는 밤의 풍경을 완성했다.

마이클이 아들에게 실체를 들킨 다음 날, 아침 식사를 하기 위해 2층에서 계단을 내려오는 마이클과 나머지 가족을 빛으로 구분하는 쇼트에서 명암 대비가 극대화된다. 어두운 계단을 내려오는 마이클이 마지막 발걸음을 디딜 때 살짝 드러나는 식탁의 빛과 프레임 절반을 차지하는 어둠이 대조되며 마이클의 삶을 설명한다. 즉 잔혹한 해결사 마이클이 머무는 2층과 가장으로 가족과 함께 지내는 1층의 대비는 두 공간을 모두 품어야 하는 한 사람의 정체성에 대한 샘 멘데스의 변론처럼 보인다.

전체적으로 룸톤(Room Tone: 벽이나 천장 또는 바닥 등에 반사되어 생긴 2차적 광원)을 적극적으로 활용한 촬영 기법도 인상적이다. 예컨대 살인청부업자 맥과이어가 부자를 추적하는 장면에서 벽 색깔에 빛을 반사시켜 만들어내는 2차 조명은 다른 분위기를 자아낸다. 이 외에도 홀의 카메라는 대체로 낮은 초점 심도를 사용한다. 이는 대공황이라는 암울하고 삭막한 시대를 배경으로 삼은 이유와 무관치 않을 것이다.

마이클이 보스 루니와 벌이는 총격 장면은 비 오는 밤 촬영의 전범으로 꼽힌다. 그만큼 이 장면을 빼고 〈로드 투 퍼디션〉을 말할 수 없다. 잘못된 일을 바로잡기 위해 복수극을 벌이는 밤, 거리에는 5개의 가로등이 빛나며 빗줄기를 비춘다. 운전사가 당한 것을 본 경호원이 루니 주위에서 경계할 때, 조명은 마이클의 표적인 루니를 희미하게 비출 따름이다. 즉 루니를 중심으로 나머지 경호원은 검은 실루엣으로 보일 뿐 아직 마이클의 모습은 드러나지 않는다. 어둠 속에서 마이클의 기관총이 불을 뿜고 경호원이 하나둘씩 쓰러질 때 루니는 운전석 손잡이를 잡고 등을 돌린 채 자신에게 닥칠 운명의 마지막 순간을 기다릴 뿐이다. 루니의 모자챙에 거세게 떨어지는 빗줄기와 마이클 모자에 스며드는 빗물이 그들의 엇갈린 운명을 말할 따름이다. 샘 멘데스의 천부적 재능이 빛나는 장면이다.

비가 오는 장면의 서정은 대화나 텍스트로 표기할 수 없다. 고화질의 사진과 영상이 아니더라도 그 정조를 붙잡아 상상력을 불러일으키게 하는 것. 스크린에서 대수롭지 않게 스치는 많은 비 오는 장면이 치밀한 설계와 노력과 반복 실행의 결과물이라는 사실은 의미심장하다. 그런 점에서 〈로드 투 퍼디

비가 오는 장면의 서정은 대화나
텍스트로 표기할 수 없다.
고화질의 사진과 영상이 아니더라도
그 정조를 붙잡아 상상력을
불러일으키게 하는 것.

션〉의 비 내리는 장면은, 역광으로 빗줄기를 강조하며 이 장엄한 풍경을 완성한 콘래드 홀의 카메라는, 비 오는 밤의 장면을 어떻게 찍어야 하는지에 관한 가장 모범적인 대답이다.

〈로드 투 퍼디션〉은 샘 멘데스의 기량이 빛을 발한 영화지만, 촬영감독 콘래드 홀의 유산이라고 해야 마땅한 작품이다. 카메라가 무엇을 찍어야 할지 어떻게 아냐고 물었을 때 콘래드 홀은 "이야기를 향해야 한다"고 말했다. 그는 각기 다른 영화에서 자기만의 색깔을 뽐내기보다 작품과 조화를 이루며 함께 이야기를 창조하고 싶어 한 인물이다. 샘 멘데스는 "물은 본질적으로 죽음과 연결되어 있다"고 말했다. 그의 말대로 영화에서 누군가 죽을 때마다 비가 함께했다. 운명을 통제할 수 없는 것처럼 총알이 빗발치는 아수라장 속에서 죽음을 맞이할 때 내리는 비만큼 적절한 정조는 없을 것이다. 그래서 감독과 촬영감독의 조화가 만들어낸 21세기 갱스터 무비의 걸작이 〈로드 투 퍼디션〉이다.

〈자헤드: 그들만의 전쟁〉 2005
4일 4시간 1분이 나의 전쟁이었다

이라크가 쿠웨이트를 침공하자 스워포드를 비롯한 자헤드는 사우디아라비아로 날아간다. 사막에 도착하자마자 받은 첫 번째 명령은 협상이 우선이고, 임무는 사우디 유전을 지키는 것. 이때까지만 해도 총 한 번 못 쏴보고 귀국하리라곤 상상도 못했을 것이다. 샘 멘데스의 세 번째 작품 〈자헤드: 그들만의 전쟁〉은 전쟁에 투입됐으나 전투 대신 무의미한 일상의 반복 속에서 재능과 꿈을 소진시키는 청춘들을 그린다.

샘 멘데스는 전작 멤버 그대로 〈자헤드: 그들만의 전쟁〉 스태프를 꾸렸다. 의상 디자이너와 프로덕션 디자이너는 물론 음악감독 토마스 뉴먼까지. 단 타계한 콘래드 홀을 대신해 로저 디킨스가 촬영감독으로 합류했다.

스워포드와 트로이, 파울러, 퍼거스, 코테즈 등으로 구성된 미 해병대(일명 자헤드)는 걸프전에 참전한다. 그러나 전쟁이 아닌 사우디 유전을 지키는 일이 임무다. 실제 1990년 8월 다국적군의 작전명은 '사막의 방패'였다. 하지만 미국이 통보한 최종시한 1991년 1월 15일이 지나면서 '사막의 폭풍'으로 작전이 바뀌고 이라크를 괴멸시킨다.

사막에 도착할 때까지만 해도 의기양양한 자헤드와 일렬로 다가오는 지프는(곧 큰 전투라도 벌어질 분위기를 만드는) 사막의 신기루 자체다. 혈기 왕성한 자헤드는 이라크군과 한 번도 마주하지 않는다. 사막에서의 일과는 단순하기 그지없다. 하루 6번의 제식훈련과 수분 보충 후 텅 빈 사막을 정찰하거나 목표물 없는 사격을 한다. 또 실제로 없는 지뢰를 상상으로 제거하는 훈련을 하고 다시 수분을 보충한 후 국경 쪽을 하염없이 바라보며 기다린다. 그러니까 그들의 하루는 이라크군을 기다리는 게 전부다. 적군을 기다리고 전투가 벌어지길 기다리고 전쟁이 끝나길 기다리고 귀국할 날을 기다리고 아리따운 여자친구와의 재회를 기다리지만, 결국 그들을 기다리는 건 허망한 결말이다.

권태와 고독을 이겨내기 위해 무슨 짓이라도 할 수밖에 없는 날들이 겹쳐질 때쯤, 자헤드는 주둔지를 방문한 방송국 여성 리포터를 희롱한다. 그 대가는 모래주머니로 피라미드 형태의 진지 쌓기다. 장대비가 내리는 밤, 주둔지 서치라이트가 병사들의 고된 작업을 환하게 비춘다. 빗줄기도 선명하다. 힘들게 쌓은 진지를 원상 복구하라는 명령이 떨어지자 천둥이 친다. 비는 더욱 거세진다.

걸프전의 한복판 사우디아라비아 사막에 비가 내린다. 말도 안 된다고 생각할 수 있다. 영화니까, 영화는 판타지이고 픽션이니까 가능하다고 여길 수 있다. 그런데 실제 사우디아라비아의 겨울은 비가 자주 온다고 알려졌다(샘 멘데스가 얼마나 치밀한 감독인지 잊지 말자). 비는 통제 불가능과 연결된다고 전작 〈로드 투 퍼디션〉에서 말한 샘 멘데스다. 그의 영화에서 비는 언제나 나쁜 일을 불러왔다. 죽음의 사신이라고 해도 무방하다.

비가 내리는 막사에서 주인공 스워포드는 새 남자친구가 생겼다는 애인의 편지를 받는다. 전쟁에 파견된 것도 모자라 밤에 기합까지 받았는데, 최악의 마무리다. 청천벽력 같은 소식.

그의 영화에서

비는 언제나

나쁜 일을 불러왔다.

죽음의 사신이라고 해도

무방하다.

이때 로저 디킨스의 카메라가 등장한다. 막사 안에서는 코테즈의 아내가 보낸 아들 출산 소식에 부대원이 환호한다. 그 시각 막사 밖에서 홀로 편지를 읽는 스워포드의 모습은 어둠의 실루엣이다. 환하고 밝은 안과 어두운 밖의 대조. 환호와 절망의 대구. 얼굴 윤곽만 또렷하고 몸은 어둠 속에 갇혔다. 디킨스의 장기가 발휘된 순간이다.

비 오는 밤에 최악의 상황이 이어지는 이 쇼트는 아무리 봐도 기이하다. 사막에 비가 와서가 아니라 왜 굳이 비를 뿌려야 했느냐고 물어야 한다. 비가 없어도 진지 구축이 가능하고(비에 젖은 모래주머니가 훨씬 무겁다 해도), 비 오는 밤이 아니어도 비통한 편지는 배달될 수 있다. 이 시퀀스는 스워포드의 편지 쇼트로 끝나지만 유사 이야기로 전이된다. 스워포드가 자위에 실패하고 애인과 통화한 후 동료 아내가 보낸 비디오(아내와 옆집 남자의 정사 장면이 담겼다)에 경악하며 다시 한번 좌절하기까지 무려 10분 25초 동안 지속된다. 이날은 사막에 도착한 지 62일 19시간 16분이 흐른 시점이다.

다음 장면은 크리스마스 파티가 한창인 시간, 스워포드를 대신해 보초를 선 퍼거스의 실수로 조명탄이 하늘을 수놓는 쇼트다. 여자친구의 배신으로 날이 선 스워포드는 퍼거스에게 총을 겨누고 일촉즉발의 위기가 막사를 감돈다. 스워포드의 돌발 행동은 걸프전에 참전한 모든 병사의 응어리와 맞닿아 있다(이라크군 지휘관을 저격하는 암살 임무를 맡은 트로이는 저격 중지

명령이 하달되자 상관에게 한 발만 쏘게 해달라고 항명하며 울부짖는다). 전쟁에 나가 총 한 번 쏘지 못한 채 귀국하는 해병대 이야기가 〈자헤드: 그들만의 전쟁〉이라면 트로이의 불안과 고뇌는 곧 그 자리에 있는 모든 해병의 것이기도 하다. 먼저 귀국하느냐 아니냐의 차이일 뿐.

영화 종반, 저격에 나선 스워포드와 트로이가 사막을 넘어 부대로 귀환하는 밤 장면은 영화의 백미다. 모래바람이 일고 어둠이 진 모래 위에 내린 그림자와 두 병사의 실루엣은 황홀경 그 자체다. 과연 로저 디킨스다.

전쟁에서 돌아온 참전용사의 이후 이야기는 여러 영화가 숱하게 증언해왔다. 국가를 위해 청춘을 바쳤으나 차가운 시선과 편견과 냉대를 맞이하거나 혹은 전쟁 트라우마로 방황하는 많은 이들을 만났다. 〈우리 생애 최고의 해〉는 제2차 세계대전을, 〈7월 4일생〉과 〈귀향〉은 베트남 전쟁을 그렸다.

사막에 도착한 날로부터 175일 14시간 5분이 되었을 때, 5,000명의 병력이 57만 5,000명으로 늘어난 지점에서 그들의 전쟁은 끝난다. 결국 스워포드와 자헤드가 경험한 전쟁은 적군을 기다리다 막을 내렸다. 사막에서 기나긴 기다림 끝에 허무하게 끝난 전쟁. 스워포드의 자조 섞인 한 마디가 이 전쟁의 성격을 말해준다.

"결국 한 방도 못 쐈어."

귀국한 전우들이 재회하는 장소는 트로이 병장의 빈소다. 자살로 생을 마감한 트로이 앞에서 오열하는 스워포드. 샘멘데스 특유의 수미상관.

"총에 제법 익숙한 남자가 전쟁에 나간다. 그리고 제대해서 다시 평범한 일상으로 돌아간다. 하지만 집을 짓고 여자를애무하고 아들 기저귀를 갈아도 그는 변함없이 자헤드다."

〈레볼루셔너리 로드〉 2008
그 시절, 미국의 그림자

"1950년대 미국에는 통일성을 향한 욕망이 교외뿐 아니라나라 전역에 퍼져 있었다. 아이젠하워 정권의 정치 행태나조지프 매카시의 공산주의자 마녀사냥에서도 볼 수 있듯이, 그건 어떤 대가를 치르고서라도 안정과 안전을 추구하는 눈먼 절망적인 욕망이었다. 어쨌든 많은 미국인들은 그욕망을 우리의 전통이라 할 수 있는 용맹스러운 반항의 기질에 대한 배신이라고 느꼈고, 그 때문에 괴로워했다. 그리고 나는 그 기질을 에이프릴 휠러의 캐릭터로 구체화하고싶었다. 제목을 그렇게 지은 까닭은 1776년 이래 걸어온 혁명의 길이 1950년대에 와서 막다른 골목에 다다랐다고 생각했기 때문이다."

_ 원작자 리처드 예이츠, 1972년 인터뷰 중에서

리처드 예이츠가 1961년에 쓴 동명 소설을 각색한 영화 〈레볼루셔너리 로드〉는 안전과 안정의 가치를 추구하며 최고의 경제 호황을 누리던 1950년대 중반, 뉴욕 교외에 살았던 좌절한 부부의 이야기다. 샘 멘데스는 〈타이타닉〉에서 호흡을 맞춘 레오나르도 디카프리오와 케이트 윈슬렛(당시 샘 멘데스의 부인)을 캐스팅해 네 번째 장편을 만든다. 카메라는 로저 디킨스가 잡았다. 영화는 코네티컷주 다리엔에서 촬영되었다.

주말 오후에는 친구나 이웃과 함께 식사를 하고 한 달에 한 번 정도 바비큐 파티를 연다. 부인이 살림과 아이 돌보는 일에만 전념해도 남편의 봉급으로 안락한 생활을 하는 데 큰 무리가 없다. 돈 때문에 맞벌이를 하진 않는다. 의사나 변호사 등 고소득 전문직 가정이 아니라 1950년대 미국 코네티컷에서 흔히 볼 수 있던 평범한 가정의 모습이다. 당시에는 이와 같은 '중산대중(Mass Middle Class)'이 존재했다. 소득 분포의 가운데가 두툼한 다이아몬드 형태인 중산층의 황금기였다.

〈레볼루셔너리 로드〉의 시공간도 마찬가지다. 샘 멘데스는 그림 같은 집을 마련한 젊고 매력적인 휠러 부부(약하고 교활한 남편 프랭크와 어떤 면에서 잔인하고 분노로 가득 찬 아내 에이프릴)를 통해 상실과 죄책감, 또 남성은 쉽게 간파할 수 없는 여성의 신비와 모호함에 대해 이야기한다. 어찌 보면 이는 한 시대에 대한 해석이다. 즉 어릴 적 가진 꿈이나 이상이 현실과 타협하며 중산층이 된 이들은 1950년대 풍요로운 미국의 상징이었다. 적어도 프랭크가 서른 살 생일에 우발적 행동을 하기 전까지는.

자신의 생일날 낮에 여직원과 한바탕 정사를 치른 프랭크가 한밤중 집에 도착하자 생일 케이크로 그를 맞는 아내와 아이들. 욕실에서 샤워하며 눈물을 흘리는 프랭크. 죄책감과 후회가 뒤섞였다. 동시에 거센 비가 내리기 시작한다. 낮에 저지른 부도덕이 빗물에 씻겨 내렸을까. 영화에서 처음이자 마지막으로 비가 내리는 쇼트다.

〈레볼루셔너리 로드〉는 동경과 갈망에 관한 이야기다. 한때 마음속에 있었고, 지금도 내재하지만 그것이 무엇인지 잘 모르는 어떤 것에 관해 말하는 영화다. 종종 밖으로 내보일 순 있어도 그것이 진심이라고, 혹은 실현 가능하다고 여기지 못하는 그 무엇이다. 영화 초반, 연극 공연 후 집으로 돌아오는 차 안에서 프랭크가 말하는 것. 이런 동네에서 사는 것도 짜증나고 변두리의 무딘 남편 역할이 난 맞지 않는데, 이사 온 후로 내게 강요해왔다고. 이를테면 프랭크가 갈망하는 건 인생을 누리며 사는 삶이다. 누구나 자신만의 파리, 자기만의 도피처, 내 안의 에덴이 있다. 에이프릴이 동경한 대상은 파리다. 파리는 은유다.

프랭크와 에이프릴이 처음 집을 보러왔을 때 중개인

기빙스 부인은 의기양양하며 "이 동네는 다 후졌어요. 크로포드 로드 집들은 압축 벽돌로 지어졌고 픽업트럭 모는 사람들이 살아요. 목수나 배관공 같은. 하지만 레볼루셔너리 로드는 달라요"라고 말한다. 1950년대 아이젠하워 시대는 도심 인구가 늘어나면서 대도시 외곽에 주택단지를 지어 인구 분산정책을 실시했다. 그래서 대도시 외곽에는 원주민과 중산층이 함께 살았다. 코네티컷 교외에 사는 프랭크가 전차를 타고 뉴욕으로 출근하는 모습은 1950년대 보편적 풍경이다. 이런 시대엔 주민 간 편견과 차별과 멸시가 싹틀 수밖에 없다. 예컨대 코네티컷주는 미국 전체에서 1인당 수입이 가장 높은 주이지만, 코네티컷주의 주도인 하트퍼드는 미국 내에서 가장 수입이 적은 지자체였다. 뉴욕 월가로 출근하는 사람과 육체노동자가 공존하고 상류층과 하류민이 경계를 이루는 땅이 〈레볼루셔너리 로드〉의 공간이다.

　파리로 이주하려는 계획이 프랭크의 승진 욕심 때문에 무산되자 에이프릴은 절망과 자포자기 심정으로 이웃집 남자 쉐프와 충동적 정사를 벌인다. 그다음 날 여직원과 몇 번 잠자리했다는 프랭크의 고백을 듣는다. 다시 이곳에서 행복하자는 다짐, 뒤이어 에이프릴의 극단적 선택과 비극적 결과. 병원으로 달려온 프랭크와 쉐프는 망연자실한 채 자책한다. 하지만 여기까지다.

　프랭크와 에이프릴이 살던 집엔 젊고 교양 있는 부부가 이사 왔고, 프랭크는 시내로 이주했다. 마을은 이전과 달라진 게 없다. 아무 일도 없었다는 듯 평온하고 조용하다. 자상하고 배려심 넘치며 인정 많은 사람들의 공간에 전광석화처럼 비극적 삽화가 지나갔지만, 그것은 시대의 큰 줄기를 훼손하지 못한다. 프랭크와 에이프릴이 레볼루셔너리 로드의 경사진 곳에 세워진 하얀 집에서 혁명의 길을 꿈꾸다 쓰러졌을지언정 애써 무관심을 표하는 태도야말로 1950년대 중산층의 생존법이었을 것이다. 공동체 정서에 위배되는 순간 열외와 망각과 삭제로 대응하는 사람들. 미국 중산층의 허위와 이중성이 기빙스 부인의 입을 통해 쉼 없이 흘러나올 때 남편이 할 수 있는 일이라곤 라디오 볼륨을 높이는 것뿐이다.

샘 멘데스는 아메리칸드림에 대한 허상을 집요하게 탐구해온 작가다. 멘데스 영화의 가정과 가족은 비정상적이다. 어떤 식으로든 허물어지거나 무너지는 중이다. 그것이 현재든 과거든, 1950년대든 20세기 말이든. 가정엔 온기가 없고 전장엔 전우애가 없다. 가족 간 감정 교류도 없고 전쟁 영웅도 등장하지 않는다. 〈레볼루셔너리 로드〉의 프랭크와 에이프릴도 이상과 현실 사이에서 갈등하다 무너진다.

영화가 시작되고 1시간 34분이 지나서야 등장하는 마스터 쇼트. 1950년대 중산층 가정을 상징하는 고급스러운 패브릭 소파와 가구, 우아한 격자 창문과 정돈된 주거 공간. 이 모든 것이 등장인물들의 위선과 가식을 포장한 도구에 불과했다는 씁쓸한 고백이다. 진짜는 이제부터 나올 터다. 푸르른 신록이

우거진 창밖 풍경과 눈부신 햇살 속 선명한 아이보리색 카펫에 스며든 혈흔. 이것이 샘 멘데스가 보여주려 했던 1950년대 미국의 초상이다.

● 임상수의 눈물

네가 무엇을 보든,
어떻게 보든

20세기 말 적나라한 대사와 노골적 성애 장면으로 한국 영화의 새로운 성담론을 들고나온 〈처녀들의 저녁식사〉. 임상수의 데뷔작이다. 싸이더스 차승재 대표는 임상수 감독에 대해 "냉정한 인간이 아니다. 정이 많은 사람인데 세상에 상처받기 싫어서 본인이 먼저 시니컬한 태도를 취하는 것뿐"이라고 말한다. 자신을 도제식 영화교육을 받은 마지막 세대라 말하는 사람. 임상수는 임권택 감독 밑에서 배웠다. 〈장군의 아들〉 연출부를 거쳐 〈개벽〉에서 조연출을 맡는 동안 렌즈 사용법과 카메라 위치를 정하는 방법에 대해 익혔다.

임상수 영화를 관통하는 세 가지 키워드는 섹스, 역사, 재벌이다. 셋을 하나로 묶는다면 단연 '섹스'다. 그런데 그의 영화 속 섹스는 전혀 낭만적이지도 에로틱하지도 않다. 사랑하는 이들의 섹스가 아니다. 금기와 맞서거나, 비윤리적이거나, 현실 도피적이거나, 자기과시로 가득 차 있다. 보통의 범주를 넘어서는, 통상적인 관념에서 벗어난 시각을 가진 사람처럼 보인다. 감독 스스로 자신은 우파라고 말했듯 그는 진보진영이 문화예술을 바라보는 시각에 회의를 품었다.

한국 사회가 네 편, 내 편 가르는 방식으로 영화를 대한다고 생각하는 사람. 인간사는 원래 복잡한 것일 뿐 세상이 복잡해진 게 아니라고 말하는 사람. 그런 복잡한 인간사에 깊숙이 카메라를 넣고 싶었을 뿐이라고 항변하는 사람이 임상수다. 한 인터뷰에서 "한 편의 영화는 결국 감독이 인간을 대하는 태도다. 나는 내 영화의 모든 캐릭터에 연민을 갖고 있다"고 말한 그는 영화를 통해 화해와 희망을 이야기하고 싶어 한다. 그럼에도 세상과 일부 관객은 그의 영화가 냉소주의에 빠졌다는 의심을 놓지 않는다. 차라리 초기 세 편의 영화 즉 〈처녀들의 저녁식사〉, 〈눈물〉, 〈바람난 가족〉이 따뜻하다고 말한다. 평단과 언론 특히 진보진영으로부터 따가운 시선을 받은 〈오래된 정원〉에 대해 그는 의외로 단호하다. 화해와 치유. 오직 사랑만이 희망이라고 말하는 듯하다. 임상수의 영화는 여전히 거의 모든 것에서 이분법화 된 한국 사회에 던지는 강력한 화두다.

〈처녀들의 저녁식사〉 1998
말하라, 차마 입 밖으로 꺼내지 못한 것을

유능한 건축가 호정과 호텔 식당 웨이트리스 연희와 연구원 순이 그리고 임상수의 페르소나 주영작. 발칙한 대사와 솔직한 몸짓이 한데 어우러진 이 영화는 섹스에 대해 늘 궁금해하는 것, 하지만 차마 입 밖으로 내지 못한 모든 것에 대해 말한다. 아니 십자포화를 날린다. 오프닝부터 섹스에 관한 다양한 에피소드를 등장시켜 관객을 자극하지만, 도발적이라기보다 이전까지 쉽게 만나지 못한 대사에서 오는 생경함에 가깝다. 우리가 사는 다양한 모습을 까발리겠다는 결의가 싱글 여성의 입에서 쏟아지는 도발적 화면에 대중은 불편함을 느꼈을 것이다.

임상수는 〈처녀들의 저녁식사〉에서 무엇을 말하고자 했을까. 현대 한국 사회의 구성원이 살아가는 방식 혹은 생각하는 것, 그것도 아니면 일상을 지배하는 생각들이다. 엄연히 존재하지만 이중성과 허위로 가득한 존재들에 관해 이야기하고 싶어 했다. 다시 말해 삶의 방식에 관해 솔직하게 말해보자는 얘기다. 단 이야기를 풀어가는 매개가 섹스라는 데 차이가 있을 뿐이다.

같은 집에 사는 연희와 호정의 대화를 보자. 직전 쇼트에서 연희와 영작은 불투명한 미래를 이유로 결별했지만 다시 재회한다(그러나 섹스는 하지 않는다). 현실은 허락하지 않으나 몸이 익숙한 만남에 대해 연희와 호정의 이야기가 이어지는 밤 시간. 갈피를 못 잡는 연희의 마음에 쐐기를 박는 호정의 일갈이다. "남녀가 흥분하면 끈적끈적한 게 나와. 그게 접착제는 아니지만 깨진 관계를 붙여줄 순 있지. 하지만 그것처럼 찝찝한 게 없다, 너." 이때 창밖엔 하염없이 비가 내린다.

자유연애 섹스주의자인 호정이 간통죄로 경찰서에 다녀온 후 공권력이 내 아랫도리까지 관리하는 나라를 떠나고 싶다며 파리행을 결심할 때 비가 내린다. 바로 그 시각 순이는 지리산 등반 도중 장마에 불어난 계곡물에 고립되었다가 구조된다(순결을 내려놓은 후 임신 사실을 알고 심란한 마음에 떠난 산행에서 아이를 유산한다). 호텔을 퇴직한 연희는 입사 면접을 본 후 비가 쏟아지는 거리를 달린다. 섹스도 마음대로 되지 않고, 내 몸도 내 뜻대로 움직이지 않을 때, 세 여성의 가장 힘든 시간을 위로하듯 혹은 마지막 고난의 징표를 내보이듯 장맛비가 내린다. 이 방식은 〈바람난 가족〉에서도 그대로 차용되는데, 상황에 따라 각각의 인물이 다르게 선택하는 행동양식을 보여준다는 점에서 흥미롭다.

영화의 마지막, 영작과 섹스를 하는 연희는 처음으로 오르가슴을 느낀다. 섹스가 끝난 후 알몸으로 창밖에 얼굴을 내밀고 비를 맞는 연희. 한강과 도로의 차들과 흐린 하늘은 어제와 다르지 않다. 시원한 빗줄기를 맞으며 화두를 찾은 표정이다. 인상적인 장면이자 러닝타임 내내 난무한 성담론이 통합되는 순간이다. 이는 프리섹스를 외치지만 정작 전통적 정조 관념에 허물어지거나, 다양한 경험을 자랑하지만 실제는 동정이거나, 감흥 없는 섹스와 결별하려는 때, 인생에 카타르시스는 천둥번개처럼 내려온다는 임상수식 데우스 엑스 마키나였을까.

〈눈물〉 2000
밤새 내리는 빗물보다 처량한 눈물

〈눈물〉은 임상수의 필모그래피 중 무척 중요하고 의미 있는 영화다. 희망과 따뜻함을 지닌 공동체를 그리고, 신인을 기용했으며 과감한 서사 전개를 통해 군더더기를 없앴다. 임상수는 실제 가리봉동에서 선글라스 장사를 하며 취재했고, 조감독인 최동훈은 약 800명의 아이들과 인터뷰를 진행했다.

한과 창과 란과 새리. 가출해 또래끼리 둥지를 튼 십대 청소년들이다. 학생이지만 학교에 가지 않고 미성년자이나 성인으로 살아가는 아이들. 시작부터 충격적인 영상이 펼쳐진다. 술집에서 여자아이들에게 옷을 벗게 하고 섹스를 강요하는 남자들과 이를 못 이기는 척 받아주는 아이들의 모습. 장선우 감독이 〈나쁜 영화〉를 찍으면서 가출청소년들과 한동안 숙식을 같이했다는 건 널리 알려진 사실이다. 임상수 감독은 어땠을까.

임상수의 두 번째 연출작 〈눈물〉은 눈물 흘리게 만드

는 영화가 아니다. 극중 인물이 눈물을 펑펑 쏟지도 않는다. 세상에 버려져 방치되고 방기된 아이들이 부조리하고 폭력적인 가정과 가족에 대해 쏟아내는 눈물이다. 의미 없는 하루살이 인생일지라도, 유흥업소에서 일하는 것이 대수롭지 않은 아이들일지라도, 환각제를 흡입하고 음주와 흡연이 유일한 낙일지라도, 때로는 성관계에 대한 윤리적 고민조차 없는 불량청소년으로 보일지라도, 엄연히 존중받아야 할 소중한 독립체라는 사실에는 변함이 없다. 다시 말해 영화는 이 아이들의 이야기에 귀 기울여주는 어른이 있었는지 카랑카랑한 목소리로 묻는다. 즉 〈눈물〉은 한국 사회가 가출 불량청소년이라 낙인찍은 아이들을 바라보는 시각이다. 반쪽만 보려는 편견이다.

전체 러닝타임 중 99퍼센트를 차지하는 건 자유분방함과 방종, 치기 어린 행동으로 뒤덮인 아이들의 일상이다. 그중 유일하게 정적인 안식의 미장센이 등장하는 어느 밤 시퀀스를 우리는 주목해야 한다. 네 아이들이 새장 같은 주거지에서 나와 자유롭게 유랑하다 비를 마주한 밤. 늦은 시간 돈은 떨어지고 하룻밤 기거할 곳을 찾지 못해 처마 밑 비좁은 공간에 웅크린 아이들. 둘은 처마 밑 틈바구니에, 둘은 공중전화부스에서 부둥켜안고 추운 밤을 지새운다. 그나마도 공중전화를 쓰는 어른으로 인해 밀려난다. 이때 통화를 마치고 나오는 아저씨에게 담배를 빌리고, 아저씨가 건넨 돈을 받으면서 처음으로 어른에게 고마움과 정(이전까지 어른들은 잔소리와 책망, 훈계와 욕설만 할 뿐이었다)을 느낀다. 동시에 아이들은 자신의 처지를 돌아본다. 처량하게 내리는 빗소리와 그보다 더 처량한 아이들. 욕과 으스댐이 몸에 밴 거친 아이들에게 연민이 생기는 지점이다.

따뜻한 잠자리와 온기가 있는, 그러나 통제와 억압 가득한 집으로 돌아가는 것보다 비슷한 아이들과 함께하는 게 더 안전하고 편하게 여기도록 만든 건 사회와 가정이다. 세상의 폭력에서 탈출한 아이들이 자기들만의 세상을 지키려 애쓰지만 사회는 더 큰 폭력으로 억누를 뿐이다. 엔딩에서 새리가 술집 매니저에게서 벗어나 창의 오토바이를 타고 도주하는 장면은, 미성년자라는 이유로 가출청소년이라는 이유로 사회적 약자라는 이유로 일회용 취급하거나 부당한 대우를 하거나 착취를 일삼는 기성세대에 대한 노골적인 저항이다. 스스로 만들어갈 세상에 대한 희망마저 내포한다.

〈**바람난 가족**〉 2003
당신, 아웃이야!

프랑스 혁명은 철저하게 남성 주도하에 이루어졌다. 혁명주의자들은 루이 16세의 왕비 마리 앙투아네트를 단두대로 보냄으로써 여성을 희생양으로 삼았다. 이는 혁명 세력 내에서 여성이 권력 중심으로부터 멀어지는 결과를 낳는다. 즉 남성

연대와 형제애가 바탕이 된 권력 이동이 프랑스 혁명의 이면이다. 프랑스 혁명주의자들이 형제애를 강조했다면 한국의 86세대는 동지애를 이상적 인간관계로 설정했다. 투쟁 앞에선 가족과 연인은 장애물이라 생각했다. 1990년대 사회주의 몰락으로 거대한 이념의 패배자가 된 그들은 각박한 사회에서 벗어날 수 있는 유일한 안식처가 가정임을 깨닫는다. 그러나 그 가정엔 믿고 의지할 아버지가 없다. 자신도 그런 아버지가 될 수 없다. 그래서일까. 가정 내에서의 역할보다 사회적 성공과 출세를 앞세운 86세대 남성과 그들에게 버림받은 아줌마들은 각자 혼외정사 또는 집 밖에서의 연애를 통해 가족 로맨스에 대한 욕구를 충족시켰다. 한국의 핵가족 붕괴와 변화를 그린 〈바람난 가족〉의 운동권 출신 인권변호사 주영작도 그중 한 명이다.

이 가족 한 마디로 개판이다. 온 가족이 바람을 피운다. 인권변호사 주영작은 신원을 알 수 없는 내연녀와, 그의 아내는 고등학생과, 그녀의 시어머니는 초등학교 동창과. 영작의 아버지는 죽을 날을 받아놓은 상태다. 감독은 바람을 매개 삼아 중산층 가정의 성적 허위의식에 일갈을 날린다. 가히 여성의 반란이라 부를 만하다.

〈바람난 가족〉의 남자들 즉 영작의 아버지, 할아버지, 입양한 아들 그리고 당연히 영작 모두 죽거나 사라진다. 심지어 영작의 아버지는 죽기 직전 피를 토한다. 여성이 새 출발을 하기란 이토록 힘들다는 것을 의미한다. 즉 피를 토할 심정으로 지켜온 견고한 이데올로기가 남성 가부장제란 얘기다. 남자의 죽음은 영작의 할아버지에서 아버지와 아들로 이어진 부계의 쇠락이다. 이들 가족의 부계란 전쟁 때 아내와 딸 여섯을 북에 둔 채 아들만 데리고 피난 온 영작의 할아버지로부터 시작됐다. 남자 없는 여자들은 비로소 새 출발을 한다. 남편의 장례를 치른 밤, 영작의 엄마는 만나는 남자가 있고 결혼할지도 모른다는 통보 끝에 말한다.

"나도 지금 이런 내가 아주 좋아, 아주 뿌듯해."

입양한 아들의 어처구니없는 죽음(유괴범이 아이를 던지는 공사장 신은 박찬욱의 〈복수는 나의 것〉에서 신하균이 장기밀매업자에게 수술당하는 곳과 같은 장소에서 촬영했다)으로 가정은 완전히 붕괴된다. 애초에 예견된 일이다. 영화에서 유일하게 비가 내리는 장면이 등장하는데, 바로 이 지점이다. 각자의 욕망대로 살던 주영작과 호정 사이에 입양한 아이가 유괴당해(유괴범은 영작이 불륜녀와 여행 가던 길에 교통사고로 중상을 입힌 피해자) 어이없이 죽었을 때, 신발을 가지런히 벗어놓은 유괴범이 공책 몇 장 분량의 유서를 쓰고 자살해 사건이 종결되었을 때, 호정은 비내리는 산에 앉아 있다. 누구에게 책임을 물을 수도, 누구를 원망할 수도 없는 마음의 고통을 절규로 토로한다. 자책의 몸부림. 김우형의 카메라는 원거리에서 조용히 호정의 시간을 기록한다. 이어지는 장면은 애써 험한 길을 택한 듯 바윗길을 거스르는 산행이다. 마치 천형을 온몸에 새긴 수도자의 고행처럼.

영작이 집으로 돌아왔을 때 그를 맞이한 건 가구까지 치워진 텅 빈 집안이다. 허울 좋은 중산층의 속살, 빈껍데기만 남은 허약한 가족주의의 민낯이다. 영화의 시작이 양민학살 유골발굴현장이라는 점은 의미심장하다. 거창한 이념 뒤에 숨겨진(허위와 위선으로 디자인된) 한국 사회의 단면과 다름없다. 불편하고 불쾌할 수 있는 소재지만 자세히 들여다보면 어느 집이나 가지고 있는 문제라는 것, 〈바람난 가족〉은 애써 밀쳐놓은 가족주의와 가부장제 폐해를 정면으로 전시했을 뿐이다.

20세기 말을 기점으로 한국 사회는 여성의 위상이 높아지고 가족과 혈연에 대한 가치관도 변했다. 이는 여성의 경제력 증가와 IMF를 기점으로 하락한 남성의 위상 추락에 의존한 결과다. 과거의 가족이 부계 혈연을 기반으로 국가 이데올로기를 수행하는 1차적 공동체로서 해체와 분리가 불가능하도록 생성된 일체형이었다면, 21세기의 가족은 충분한 근거와 합리적이고 경제적인 사고를 기반으로 각자 이익에 따라 분리와 해체가 가능한 구성원들의 집합체다. 즉 가정 안에서 가족 구성원의 허물과 공과가 무한정 수용되거나 일체화를 이루던 시대는 사라진 지 오래다.

영화의 엔딩은 아내를 찾아간 영작이 내가 잘할게, 라며 사과하는 장면이다. 아내는 단호하게 말한다. "뭘 잘해. 안

돼, 더 이상은!" 권위적이고 폭력적인 데다 무책임한 남성을 무한대로 받아주는 가정은 더 이상 존재하지 않는다. 뒤이어 날아와 비수같이 꽂힌 한 마디.

"당신, 아웃이야!"

남성주의 가부장제 역사를 여성 주체로 새로 써야 한다는 감독의 전언이다. 떠나는 영작과 남은 아내의 마지막 쇼트 위로 잔인할 정도로 얄미운 주제가가 흐른다. '즐거운 곳에서는 날 오라 하여도 내 쉴 곳은 작은 집 내 집뿐이리⋯.'

〈오래된 정원〉 2007
우리가 꿈꾸던 이상향은 무엇입니까?

"80년대에 대학을 다닌 사람들이 눈물 흘리며 회한에 사로잡혀서 보는 것 같은데, 그렇게 단순히 노스탤지어적 감정에 빠져서 볼 게 아니라, 그때 가졌던 이상의 반이라도 나이가 든 만큼 세련된 방식으로 가지고 있어야 하는 게 아닌가, 생각해요. 타인에 대한 연민이나 사회의식 같은 것을 자기 생활 속에서라도 가지고 있어야 되는 것 아닌가 하는 생각도 들고요. 그런 것 다 잊어버리고, 자기 삶도 다 잊어버

리고, 자기 자식한테 그런 교육도 못 하고, 영화나 보고 와
서 노스탤지어적 감정에 빠져 눈물 흘리는 것은 너무 허망
한 것 같아요."

_ 임상수

〈오래된 정원〉은 충무로에서 모두 말린 프로젝트였
다. 그러나 임상수는 제대로 잘 만든다면 한국 사회에서 의미
있는 작품이 될 거라 믿었다. 좋은 영화가 될 거란 확신이 있었
다. 영화가 개봉되자 평가는 찬반양론으로 갈렸다. 황석영이 동
아일보에 원작 소설 《오래된 정원》을 연재한 건 1999년이다.
2000년에 출간한 소설을 각색해 임상수의 손을 거쳐 영화가 나
온 게 2007년. 때는 386운동권이 기성세대로 진입했고, 정치적
으로 노무현 정부 말기였으며 진보와 보수, 친노와 반노로 팽팽
한 긴장 국면이 지속되던 시기다.

일부 평론가와 언론은, 군부독재도 비판하고 운동권도
비판하는 양비론을 펼친 임상수가 무슨 말을 하고 싶은지 모르
겠다고 날을 세웠다. 다시 말해 원작의 내용을 배반하면서까지
영화를 만든 이유가 무엇이냐는 것. 영화는 온통 386운동권을
비판하고 있지만, 실제 이야기 진행상 비판할 세부 근거와 동기
가 보이지 않는다는 것이다. 즉 억지로 비판하기 위한 설정으로
바꿨다는 혹평도 난무했다.

황석영의 원작 소설은 한국 사회의 모순을 제거하기

위해 중성적 사유가 필요함을 역설한다. 정통성을 얻은 민주 정권과 대중적 지지를 획득한 신예들이 중심 세력으로 자리한 21세기에서 돌아본 80년대가 등장한다. 시대적 요구에 부응하던 세력이 386운동권이었고, 운동권 내부의 많은 문제에도 불구하고 미래를 희망의 세상으로 바꿔야 한다고 주문한다.

반면 임상수의 영화는 다른 길을 걷는다. 이상향이 사라진 시대에 실패한 사회주의자에 초점을 맞췄다. 정확하게는 동시대에 대학을 다닌 운동권 출신에 대한 지독한 냉소로 가득하다. 민주화 공적에 대한 과도한 평가가 가져온 정치적 실망감도 한몫했을 것이다. 이분법으로 나뉜 세상에 대한 피로감이, 심지어 보수를 자처한 임상수에게 더욱 가중되었을지 모르겠다.

〈오래된 정원〉은 오현우가 국가보안법 위반으로 무기징역을 받아 16년 8개월 만에 출소하는 장면으로 시작한다. 집으로 향하는 차에서 꺼낸 사진 한 장. 한윤희와의 마지막 이별 장면이 플래시백으로 이어진다. 이후 현재와 과거를 교차하는 방식으로 오현우와 한윤희가 보낸 한 시절을 시대와 맞물려 조망하고 전망하며 희망한다. 그런 점에서 영화는 철저하게 한윤희의 시선을 중심으로 움직인다. 즉 오현우가 있는 곳엔 한윤희가 있고, 오현우가 없어도(수감생활 중에도) 한윤희는 독자적으로 존재한다. 영화 크레딧에서 염정아의 이름이 지진희보다 먼저 나오는 건 우연이 아니다.

영화 촬영은 김우형이, 조명은 고낙선이 맡았다. 절제

된 영상미학으로 정평이 난 촬영감독답게 전반적으로 과함 없는 유려한 영상이 돋보인다. 〈오래된 정원〉에서 김우형은 클로즈업과 망원렌즈를 사용한 촬영에 비중을 둔다. 두 연인의 감정이 중요하기 때문이다. 조명도 광원이 큰 것을 사용했다. 임상수는 차가운 느낌의 감옥과 달리 갈뫼집 장면에서는 오현우가 혼자 있을 때조차 로맨틱하고 아름다운 정경을 만들고 싶었다.

영화에서 비 오는 장면은 세 차례 이상 등장한다. 명품 매장에서 1,135만 원어치 쇼핑을 한 오현우가 불현듯 한윤희를 떠올릴 때 두 사람은 대형 욕조에서 비를 맞으며 천진난만한 모습을 보인다. 광주가 도륙당한 지 1년이 되는 날, 소풍을 떠난 두 사람이 돌아올 때 비가 쏟아지는 길에서 오현우는 자신이 부끄럽다고 말한다. 동지들이 모두 잡혀간 마당에 혼자 숨어 편히 지내는 것에 대한 죄책감일 터.

영화의 백미는 마침내 오현우가 서울로 떠나기로 한 밤, 고무신 바람으로 한윤희가 사랑하는 사람을 떠나보내는 장면이다. 다시는 살아서 만날 수 없는 두 연인을 카메라가 잡는다. 발전차 세 대와 스무 대가 넘는 차량이 동원됐고, 살수차가 동강에 호스를 댔다. 인공강우가 내리기 시작하는 갈뫼 버스정류장. 카디건과 흰 치마에 맨발로 고무신을 신은 한윤희. 노란 우산이 조명에 눈부시다.

두 사람이 갈뫼 입구 버스정류장 앞에 섰을 때, 김우형의 카메라는 둘의 발을 잡는다. 세찬 빗방울이 바닥에 부딪혀

튀어 오를 때, 보이지 않는 그들의 표정은 상상의 영역이다. 두려움과 공포와 간절함까지 만감이 교차하는 찰나를 보여주기보다 빗줄기로 슬픔의 질량을 대신하는 게 낫다고 판단했으리라. 억수같이 내리는 빗속을 뚫고 멀리서 버스가 다가올 때 유독 환하게 비추는 헤드라이트가 이처럼 야속한 적이 있었던가. 한 번의 포옹과 아쉬운 몸짓으로 끝이다. 현우와 윤희의 시점 쇼트가 번갈아 오가는 사이 그 유명한 한윤희의 독백.

"숨겨줘, 재워줘, 먹여줘, 몸 줘. 왜 가니? 니가."

멀어지는 버스와 한윤희의 거리를 조금이라도 가까이 두려는 카메라는 인물을 당기면서 전체를 보여주는 줌인 트랙 아웃을 감행한다. 다시는 돌아오지 못할 곳으로 떠나보내는 이의 심정을 뒷모습의 각도와 버스의 이동 경로를 쫓아 포착한 명장면이다. 어쩌면 다시는 못 만날지도 모를 연인을 홀로 사지로 보내야 했던 한윤희의 애달픈 마음을, 그 위대한 사랑과 삶을, 오현우는 16년 8개월 뒤에 확인하게 될 것이다.

오현우의 체포 이후 서울로 올라온 한윤희의 아지트 장면. 감독은 운동권 학생의 입만 클로즈업한다. 급기야 한윤희의 입을 통해, 무슨 말을 문어체로 끝도 한도 없이 떠들어대느냐고 조롱한다. 그러자 최미경의 대답. "원래 저래요, 저것들은 제대로 싸워보지도 못하면서 주둥이만 살아가지고." 심지어 임상

세찬 빗방울이
바닥에 부딪혀
튀어 오를 때,
보이지 않는
그들의 표정은
상상의 영역이다.

수는 원작에 없는 주영작(임상수의 페르소나)을 만들어내면서까지 운동권에 냉소를 던진다. 예컨대 파업을 주도하다 분신한 최미경의 사망 장소를 확인한 한윤희와 영작은 한윤희의 작업실에서 술을 마시고 섹스를 한다. 다음 날 영작을 배웅하는 장면에서 비탈길에 무거운 리어카를 끄는 청소부를 스쳐 내려가는 영작을 바라보던 한윤희는 갑자기 스크린을 향해 말한다. "지금은 잘나가는 인권변호사인데, 무슨 선거에도 나갈 것"이라고.

혹자는 원작 소설과의 비교를 통해 한윤희가 오현우를 숨겨주는 과정도 지나치게 작위적이며 캐릭터의 성체성이 모호하다고 비판한다. 영화에서 한윤희는 "젊은 시절 우리 아버지 같기도 하고", "지루한 시골구석에 뭔 일이 일어나길 기다리고 있었는데 거기에 걸려든 거"라고 말한다. 다만 원작에선 좀 더 구체적이다. 일제 강점기 동경대학을 나온 지식인이었으나 해방 후 좌익이었다가 빨치산이 된 평생을 무능하게 산 아버지와 흡사해서라고 숨겨준 이유를 밝힌다. 죽을 때가 가까워 오자 간병하는 과정에서 아버지와 화해한 것으로 묘사한다.

원작에 등장하는 한윤희와 오현우가 함께 지낸 곳은 갈뫼다. 영화는 갈뫼집과 갈뫼 입구 두 군데로 나누어 촬영했다. 주거지인 갈뫼는 전주 은석골을, 두 사람이 헤어지는 갈뫼 입구는 정선 동강 일대를 선택했다. 은석골 냇물 상류를 따라 올라가면 저수지가 나오는데 그 위에 있는 폐가를 새로 손본 게 갈뫼집이다. 후보지 40군데서 고르고 고른 천혜의 은신처이자 작업실이다. 영화에서 은신처는 이상적 도피처로 그려진다. 즉 한윤희를 통해 보는 민주화운동의 굴절상과 오현우가 출소해서 만나는 변질된 동지의 모습이 대조를 이루는 공간이다.

오현우의 목표는 무엇이었을까. 80년대 운동권의 목표는 무엇이었을까. 그들이 꿈꾼 세상은 어떤 것이었을까. 군부독재를 타도하고 사회주의를 펼치는 것이었을까. 그래서 어떻게 살고 싶었던 걸까. 종종 인간은 목표지상주의에 함몰되어 자신이 진짜 원하는 삶을 잃어버리곤 한다. 목표에 집착한 싸움에만 몰두하면 어떻게 살고 싶었는지 실종되기 일쑤다. 오현우가 간구한 것, 그러나 잃어버린 것. 한윤희는 목표만 보고 사는 오현우에게 삶과 사랑을 가르쳐주었다. 모든 것을 다 소진한 상황일지라도, 80년대의 엄혹한 시대에서도 한윤희의 태도를 기억 삼아 오현우는 다시 한번 살아갈 수 있을 것이기 때문에.

그러므로 임상수가 창조한 주영작은 한윤희가 세상을 보는 프리즘이다. 오현우가 꿈꾼 세상을 마주하는 인물이기도 하면서 위험한 헤게모니에 몸을 떨게 만드는 매개이기도 하다. 그러므로 이 영화가 소설을 배반했는지 적절한 각색이었는지는 각자, 시대에 따라 달리 평가될 것인즉.

무릇 시대는 이전 시대를 인용하고 다음 시대를 꿈꾼다. 80년대를 인용하되 21세기의 희망을 꿈꾸는 게 임상수에겐 어려운 일이었을까. 아니면 엔딩에서 오현우와 은결을 만나게 함으로써 희망을 엿본 걸까. 각자가 판단할 일이다.

CHAPTER 2

빗물 영롱한 영화들

● 한국영화

〈우묵배미의 사랑〉1990

애타게 민공례에 관한 기억을 찾아서

〈우묵배미의 사랑〉이 개봉했을 때, 그러니까 내가 주저 없이 명보극장을 찾은 건 1990년 4월 초쯤의 일이다. 1년 전 공중파를 통해 인기를 끈 드라마 〈왕룽일가〉의 영향도 있었지만 그보다 명보극장에 대한 무한신뢰 때문이었다. 〈깊고 푸른 밤〉, 〈그해 겨울은 따뜻했네〉 등 한국 영화의 개봉 비중이 높은 곳이자 당시 대한민국에서 가장 좋은 음향시설을 갖춘 곳이 명보극장이었다. 내게 있어 명보극장 개봉작이란 곧 볼 만한 좋은 영화를 의미했다.

장선우의 세 번째 연출작 〈우묵배미의 사랑〉은 서울에

서 소일하다 예전에 살던 우묵배미로 다시 돌아간 배일도가 그곳에서 미싱사 민공례를 만나 벌이는 사랑과 불륜의 이야기를 회고담 형식으로 그려낸 멜로드라마다.

박영한의 소설《왕룽일가》에 따르면 우묵배미는 '서울 시청 건너편 삼성 본관 앞에서 999번 입석을 타고 신촌, 수색을 거쳐 50분쯤 달려와 낭곡 종점' 근처에 있는 변두리 마을의 이름이다. 김포 부근에 위치한 소읍으로 예전에는 완연한 시골이었다. 지금은 연립과 빌라의 신축 분양 광고가 줄지어 나오는, 도시도 시골도 아닌 곳이다. 영화에서는 '우묵배미'가 구리시 너머 어디쯤 위치한 것으로 보이는데 이는 전혀 중요하지 않다. 왜냐하면 서울의 지속적 팽창이 인근 도시까지 파고들어 난개발을 유도한 결과 생겨난 동네가 우묵배미이고, 영화는 그곳에 있는 원주민과 흘러들어온 사람들 사이에서 피어난 이야기라는 점에서 유사한 삶의 풍경을 간직한 곳이라면 어디라도 무방하기 때문이다.

영화는 남편의 학대와 힘겨운 노동 속에 사는 민공례와 '아무 남정네 앞에서나 절구통만 한 엉덩이를 흔들어대고 헤프게 웃음 짓는' 천박하고 거친 아내에게 정나미가 떨어진 배일도 사이의 불륜을 어떤 구원처럼 묘사하고 있다. 추레한 공간과 남루한 삶이 배경이더라도 이들의 불륜이 한없이 따뜻하게 느껴지는 것은 이 때문일 터.

흥미로운 것은 배일도의 아내인 새댁의 영화 속 위상

이다. 이를테면 영화 초반 배일도의 입을 빌려 존재하던 새댁이 어느 순간 독자적 목소리를 내기 시작한다. 돌연한 화자의 교체와 위상의 변화가 의미하는 바는 무엇일까. 우리가 배일도와 민공례가 아닌 새댁을 주목해야 하는 이유, 글의 부제를 민공례가 아닌 '민공례에 관한 기억을 찾아서'라고 표기한 이유도 같은 맥락이다. 민공례와 벌인 짜릿한 불륜의 시간들.

영화의 처음과 마지막 장면을 기억해보자. 민공례가 영원히 사라져버린 시점에서 마무리되는 영화는, 민공례가 아닌 다른 여자와 외박을 하고 들어온 어느 날 새벽 배일도의 회상으로 시작된다. 흥미롭지 않은가? 그녀가 없으면 못 살 것처럼 굴고 '진흙에서 피어난 연꽃' 같은 여인 민공례를 만나게 해준 우묵배미를 잊을 수 없다던 그가, 민공례가 떠난 후 다른 여자와 불륜을 저지르고 들어와서 그녀를 회상하다니. 그것도 하필 민공례와 낭만적 정사를 나누던, 그러나 지금은 뼈대만 앙상하게 남은 비닐하우스 옆에서 말이다.

"좋은 남자 옆에 있는데 맞아 죽으면 어때요."

배일도와 민공례가 같이 보낸 밤을 묘사하는 장선우의 의식은 안타까움과 비애다. 이때 내리는 비는 순탄치 않은 미래를 부르는 전주곡이다. 그 시절 삼류인생의 삶이 뭐하나 술술 풀릴 리 없었을 테니(오승욱 감독의 〈킬리만자로〉에서 박신양이

읊조린 "후진 인생들은 결국 이렇게 끝나는 거냐") 말이다. 첫 월급을 받은 배일도와 해방구가 필요했던 민공례가 함께 기차를 타고 도착한 도시에서 술을 마신 후 근사한 모텔에 들어갔으나 정리할 시간이 필요했던 민공례가 배일도만 남겨둔 채 돌아온 첫 번째 밤. 뒤이어 심경 정리가 됐을 때 두 사람이 외곽 소도시의 나이트클럽을 거쳐 허름한 여인숙에서 함께 지내는 밤. 그들이 나이트클럽에서 나왔을 때 비는 퍼붓고 있었다. 창문을 치는 빗줄기와 몸부림에 가까운 정사(희열과 쾌락이 아닌 안타까움과 비애가 짙게 밴).

쏟아지는 빗소리가 고스란히 들리는 허름한 여인숙. 쪽 창문에 쳐진 싸구려 커튼이 민공례와 배일도의 삶을 대변하고 그 아래 뒹구는 두 남녀의 모습은 시각보다 청각으로 다가온다. 영화에서 비 오는 장면은 나이트클럽에서 나와 택시를 타기까지가 고작이다. 그런데도 비는 밤새도록 두 사람이 정사를 벌이는 내내 소리로 내린다. 창문을 들이치는 비는, 민공례의 눈물과 흐느낌과 조화를 이루는 빗소리는, 비를 직접 포착한 그 어떤 쇼트보다 강렬한 비감을 자아낸다.

무료하고 건조한 일상과 일탈의 대조를 극적이지 않게 보여준 건 유영길 촬영감독의 빛나는 솜씨다. 유영길의 카메라는 낮과 밤을 소리와 빛으로 대조하며 감정의 격랑을 잠재운다. 변두리 삼류인생의 낮이 시끄러운 미싱과 악다구니로 뒤덮인 소리가 지배하는 시간이라면, 밤은 불빛을 찾아가는 시간이다.

민공례와 배일도가 흘러들어간 외곽의 불빛들. 주점과 나이트 클럽과 여관의 불빛들이 그들의 심리를 대신한다. 그러나 낮과 밤의 정서에 큰 차이가 없고, 소도시의 불빛이라고 해봐야 화장기 짙은 싸구려 술집 여급 같은 것이어서 휘황찬란한 불야성과는 거리가 멀다. 민공례와 배일도의 탈주가 안타까운 이유가 여기에 있다. 제대로 폼나는 번듯한 호텔도 아닌 여인숙에서의 하룻밤. 삶이 오죽 힘들고 비루했으면 이 정도의 일탈로도 가슴 떨리고 설렜을까. 민공례와 밤을 보낸 배일도의 독백이다.

"왜 그렇게 눈물이 펑펑 쏟아지는지, 내가 안아 본 그 어떤 여자보다 뜨겁고 부드러운 공례의 속살 때문일까? 아니면 가난으로 헐벗은 우리 자신의 못남 때문일까. 그것도 아니면 이게 진짜 사랑이라는 걸까."

주목할 것은 이 영화가 감독의 필모그래피에서 보기 드물게 균질적 완성도를 보여준다는 점이다. 다시 말해 전통과 현대, 고상함과 비속함, 비극과 희극, 육체와 영혼, 연민과 냉소, 카니발과 일상 등 대극의 세계를 통해 당대 사회와 긴장하면서 교접하는 방식을 택한 장선우 영화의 미학이 〈우묵배미의 사랑〉에 이르러 정점을 찍었다. 아울러 민공례와 새댁의 대극적 이미지를 통해 진일보된 계급투쟁의 방식을 보여주는 감독의 시선 또한 간과해서는 안 될 일이다. 결국 영화의 오프닝 신

창문을 들이치는 비는,
민공례의 눈물과 흐느낌과
조화를 이루는 빗소리는,
비를 직접 포착한
그 어떤 쇼트보다
강렬한 비감을 자아낸다.

은 고전적이고 낭만적이며 수동적인 여성의 몰락과, 강하고 능동적이며 억센 투사형 여성이 지배하게 될 가까운 미래에 대한 눈 밝은 예언이다. 동시에 샛길로 빠질 수밖에 없는 관계에 관한 친절한 안내서다.

대립적 세계인 세 남녀 사이를 유영하며 그것들을 충돌시키고 화해시키는 동안 만들어내는 리얼리즘. 장선우의 특기인 영화미학은 관객과의 거리를 제거하며 영화 속으로 빠져들도록 기능한다. 예컨대 영화 종반 새댁에게 붙잡힌 배일도가 옷이 찢긴 채 끌려 나올 때 동네 사람들이 그들을 따라가며 택시를 둘러싸던 시퀀스와, 배일도의 고향집에 당도했을 때 마을 사람들이 마당으로 모이는 시퀀스는 카니발처럼 연출된다. 이 제의(祭儀)는 가정에 안착해 일상으로 되돌아간 배일도와 생선을 발라줄 정도로 조신해진 새댁의 모습으로 이어지면서 관객의 정서적 참여를 추동한다.

진보적 영화주의자를 자처한 장선우는 비평가보다 한발 앞선 시선으로 영화를 찍고 신인보다 더 결기 넘치는 방법으로 시대를 담아낸다. 그런 점에서 〈우묵배미의 사랑〉이 이룬 안정적이고 흠잡을 데 없는 완성도는 여타 그의 영화들과 비교할 때 이질적일 수밖에 없다. 하지만 달리 말하면 장선우의 영화가 새로운 시기를 맞고 있음을 뜻하는 것이기도 하다. 또 이 영화에선 감독의 다른 영화(민중을 소재로 하지 않은)와는 달리 풍자와 조롱의 시선을 거두고 민중의 삶에 대해 속살거리고자 하는 장선우의 속내가 감지된다. 풍자와 비판이 도덕적이거나 하다 못해 상상적 우월감에서 비롯된다는 점을 감안할 때, 애초부터 우묵배미 민중의 삶은 풍자의 대상이 될 수 없는 까닭이다.

〈우묵배미의 사랑〉은 장선우가 고달픈 민중의 삶 속에서 길어 올린 사랑과 불륜의 따뜻한 휴먼 드라마다. 동시에 그는 어느 추레한 술집 구석에 앉아 배일도와 민공례의 이야기를 엿듣거나 새댁의 악다구니를 사람 좋은 웃음으로 받아넘기기도 하고, 배일도의 외도 행각을 눈감아주기도 한다. 그렇다면 지식인의 형상을 한 검은 뿔테의 주인집 남자, 혹시 그가 장선우의 페르소나는 아니었을까.

(추신)

〈우묵배미의 사랑〉을 찍을 때 박중훈의 나이는 스물다섯 살이었다. 대한민국 배우 중 스물다섯에 배일도 역할을 할 수 있는 배우는 박중훈이 유일무이할 것이다. 책을 쓰면서 2022년 현재 스물다섯 살인 남자 배우를 찾아보니 서영주 정도가 눈에 띈다. 배일도 역할은 언감생심이다. 필름으로 영화를 찍던 시대였고, 필름 시대에 데뷔한 배우라야 가능한 연기였다.

〈낙타(들)〉2001
엿보기와 엿듣기 다시 엿보기

사막이 되어버린 여자를 위해 사내는 낙타눈썹을 산다. 사
내는 외눈박이 낙타를 타고 사막을 건넌다. 사내는 춥고 그
보다 더 목마르고, 그보다 더 길게 돌아누운 사막 위에서 이
윽고 길을 잃는다. 충혈된 눈의 저 외눈박이 낙타들, 추락한
자들, 落他들.
　_ 박제영,《푸르른 소멸》중 '낙타에 관한 에피소드'

　낭만적 사랑의 특징은 괴로움을 기쁨인 양 자발적으로
위장하고 자신에게 최면을 거는 데 있다. '안녕'이라는 말이 얼
마나 사치스러운 단어인지 알려주는 박기용 감독의 〈낙타(들)〉
은 그렇게 낭만적 사랑의 거절로 끝맺는다. 갓 마흔을 넘긴 남
자와 마흔을 앞둔 여자의 하룻밤 일탈. 흑백 화면 속의 소래포
구와 월곶이 빗물에 젖는다. '나이만큼 보이는 세상이 따로 있
다'는 말은 그래서 참이다. 이 영화가 그렇다.
　"차가 바뀌었네요?" 친구 소개로 1년 교제 후 결혼한
남자 만섭과 중매로 만난 지 두 달 만에 결혼한 여자 명희가 김
포공항 국내선 터미널 앞에서 만난다. 처음 만나는 사이가 아니
다. 승합차 뒷자리에 놓인 카메라는 어딘가로 향하는 남녀의 뒷
모습을 쉼 없이 잡는다. 짧은 머리의 남자와 어깨 길이의 머리

를 귀 뒤로 단정하게 넘긴 여자. 여자는 손가방의 손잡이를 두 손으로 꼭 쥐고 있다. 초조하고 긴장한 모습이 역력하다. '밝을 명(明)'에 '기쁠 희(喜)'자를 쓴다며 허공에 대고 손가락으로 한 자를 적는 여자, 명희다. 여자는 남자의 이름을 안다. 종종 그녀의 약국에 처방전을 가져왔기 때문이다. 룸미러와 백미러에 비친 풍경이 간간이 보이고 카메라는 둘의 옆모습을 잡는 데 열심이다. 스테디캠으로 잡은 5분 44초 동안의 타이틀 시퀀스. 이제부터 그들의 하루가 촬영감독 최찬민의 카메라에 고스란히 담길 것이다.

　　남자는 현금인출기에서 돈을 찾는다. 하룻밤 일탈을 위한 비용일 테다. 여자는 공중전화부스에서 통화 중이다. 모종의 계략과 음모 그리고 불온한 기운이 피어오른다. 카메라는 실내에서 유리에 비친 둘의 모습을 포착한다. 딴청 부리듯이, CCTV가 돌아가듯이 혹은 넌지시 엿보듯이. 모종의 묵인과 승인의 절차가 끝난 후 페이드아웃. 횟집으로 빼곡한 포구 거리를 잡은 마스터 쇼트에 이어 두 사람이 발견된 곳은 소래포구의 어느 횟집이다.

　　창밖으로 보이는 철교를 주제 삼아 수인선 협궤열차 이야기부터 대학 시절 이야기까지(실제 이화여대 약대 나온 박명신과 대학로에서 잔뼈가 굵은 이대연이 명희와 만섭을 연기한다). 약국 운영은 물론 금연과 통증에 관한 시시콜콜한 신변잡기를 주고받는 동안 카메라는 요지부동이다. 투 쇼트를 절반으로 잘라 남자와 여자를 번갈아 보여주는 방식. 둘은 동시에 화면에 들어가는 법이 없다. 소통 불가능성의 미장센. 일찍이 왕가위 감독이 〈화양연화〉에서 보여준 방식이다(심지어 리버스 쇼트에서 상대방의 뒤통수도 보여주지 않는다).

클로즈업으로 인물의 표정을 생생하게 보여주는 카메라는 두 사람의 감정의 희열이 아닌 생기 잃은 건조함에 초점을 맞춘다. 그러니까 기계적으로 남과 여를 교차시킴으로써 회를 먹고 맥주를 마시고 담배를 피우는 빤한 동작을 놓치지 않는다. 이는 하룻밤 동안의 일탈을 빠짐없이 남김없이 기록하려는 채증의 과정이다. 동행의 기록이다. 소래포구까지가 둘의 행적을 엿보는 것이었다면 횟집에서 벌어지는 전반부는 엿듣기다. 카메라는 엿듣는 사람처럼 그들 가까이에서 한 마디도 놓치지 않고 관객에게 전달한다. 둘이 어떤 관계이고, 어떤 감정인지는 중요치 않다. 말이 중요할 따름이다.

모텔로 이동하는 그들 앞에 비가 내린다. 포구, 일탈의 밤 그리고 비. 비밀과 거짓말을 감추기에 안성맞춤인 도구다. 비는 밤새도록 내린다. 둘의 어색함과 설렘을 온전히 덮어줄 것이다. 마스터 쇼트로 등장하는 숙박업소의 네온사인으로 불야성인 비 오는 밤거리. 빗물에 젖은 아스팔트가 그들의 행적을 기억할 것이다.

706호 방문을 열고 들어가 침대에 걸터앉은 둘은 키스를 나눈다. 엿듣기와 엿보기가 뒤섞인다. 롱테이크에 이어지는 길고 긴 정사 시퀀스. 카메라는 한쪽 구석에 웅크린 듯 미동도 없이 주시한다. 침대 위치로 보아 옆으로 15도 수평 이동했을 뿐이다. 거친 숨소리와 몸부림이 4분 6초간 계속되어도 카메라는 가까이 다가갈 의향이 없어 보인다. 심지어 상반신조차 보이지 않게 이불에 덮인 남녀의 들썩거림은 에로틱과는 거리가 멀다. 차라리 안쓰럽고 서글프다. 사막을 건너는 낙타의 힘겨운 몸짓에 가깝다.

포르노의 시선은 기본적으로 몰카와 동일선상에 있다. 그러니까 훔쳐보는 관음의 쾌락은 살을 섞는 남녀의 특정 부위에 집중하기 마련이다. 포르노가 조금 더 가까이를 외치며 클로즈업에 집착하는 까닭이다. 반면 박기용은 방관자 위치에서 카메라를 놓는다. 일거수일투족을 빠짐없이 포착할지언정 그것은 시선의 쾌락을 위한 게 아니다. 남녀가 토해내는 헐떡이는 숨소리와 안간힘은 살기 위해 몸부림치는 동물의 사투처럼 보인다. 남자는 마흔이 되니까 노련해지는 것 같다고 말했다. 여자는 나이 먹는 게 좋다고 했다. 둘은 노련하지도 않고, 완숙하지도 않으며, 쾌락을 즐길 줄도 모르는 사람들이다. 사막을 건너는 낙타처럼 묵묵하게 침대 위에서 각자의 역할에 충실할 뿐이다.

담배를 피우며 고개 숙인 만섭의 어깨 위로 원형 거울에 비친 잠든 명희의 모습. 조금 전 비빔국수를 야식으로 먹을 때도 둘은 나란히 앉아 있었다. 그리고 젓가락을 들어 완전히 다 먹을 때까지, 무려 8분간의 롱테이크 동안 두 사람은 한 번도 얼굴을 마주 보지 않는다(둘의 얼굴이 온전히 보이는 노래방 신에서 카메라를 마주하고 앉은 그들 뒤에는 유리창이 막고 있다).

"나중에 다시 연락드려도 될까요?"라는 만섭의 물음에 여자는 묵묵부답인 채 가방에서 돈을 꺼낸다. 차 수리비로 일부 써달라고. 완곡히 거절하는 남자에게 밥값이라도 내겠다는 여자의 다른 제안은 수락된다. 거래가 성사되었다. 처음의 자리로 돌아가는 두 사람과 그들의 뒤통수를 찍는 카메라. 집요하게 두 사람을 따라다니던 카메라가 꺼진다.

〈낙타(들)〉은 2001년에 흑백으로 촬영되었다. 인물의 심리를 잘 포착하기 위한 선택이었다. 덕분에 관객은 엿보고 엿듣는 게 수월했다. 이 영화에서 카메라는 아주 가깝거나 멀다. 만섭과 명희 두 사람의 일탈을 가십거리로 전락시키지 않겠다는 감독의 의지로 읽힌다. 촬영을 맡은 최찬민은 이 영화가 촬영감독 데뷔작이다. 욕심부리지 않고 감독의 의중을 제대로 파악한 절제된 카메라 워크가 돋보인다.

(추신)

이 영화를 보자마자 장선우 감독의 〈우묵배미의 사랑〉에서 배일도와 민공례가 기차를 타고 타지로 가 일탈하는 장면이 떠올랐다. 12년의 시차가 존재하지만, 동선이 유사하고 감정선도 크게 다르지 않다.

〈차이나타운〉 2014
소리와 빛으로 만든 비

낡고 오래되어 생동감이라곤 찾아보기 힘든 추레하고 음산한 거리. 가게는 모두 셔터가 내려져 있다. 길가 중국집을 지나 세탁소와 미용실 사이, 유독 빛이 잘 들어오는 사진관 2층에 한 가족이 모여 산다. 엄마와 네 명의 자식들. 일찌감치 누군가에게 버려져 상처받은 아이들이다. 고리의 돈을 빌려주고 못 갚은 사람의 장기를 떼어 파는 게 이들 가족의 일이다. 패밀리 비즈니스이고, 철저히 분업화되어 있다. 피 한 방울 섞이지 않았지만 목적에 복무하고 가치를 공유하는 유사가족이다. 한준희 감독의 〈차이나타운〉은 지하철 라커에 버려진 아이가 일영이라는 이름을 받으며 이들 가족에 합류하는 장면으로 시작한다. 일영이 엄마를 만나는 날, 그러니까 봉고차에 실려 온 날 비가 내렸다.

한국 영화가 유사가족을 다루기 시작한 건 90년대부터다. 장현수 감독의 〈걸어서 하늘까지〉에는 소매치기 일당이 유사가족을 이룬다. "우리 같은 사람은 독고다이보다 가족을 갖는 게 안전해"서다. 그래서 구성원의 이름도 돌림자를 쓴다. 황새, 촉새, 앵무새, 참새, 물새. 범죄와 멜로드라마를 적절히 섞은 이 영화는 가족이 만들어지고 무너지는 과정을 묘사한다. 주목해야 할 건 시대적 배경이다. 때는 민주화의 기운이 정점에 달하고 전통의 가치관과 가부장제가 흔들리던 1992년이다. 유사가족 출현의 사회적 조건이 갖춰졌다는 얘기다. 영화 전반을 이끌며 서사를 추동하는 중심인물이 홍일점 날치라는 점, 드라마 전반을 여성 캐릭터가 견인한다는 점은 의미심장하다.

범죄에 연루된 유사가족은 혈연보다 결속력이 약할 수밖에 없다. 울타리 너머를 엿보고 동경하는 한 사람으로 인해 균열이 생긴다(구성원 간 연애 감정까지 끼어들면 일은 걷잡을 수 없이 복잡해진다). 결국 공동체를 지키려는 가부장과 새로운 세상으로 나아가려는 구성원의 대립이 불가피하다. 〈걸어서 하늘까지〉의 가족이 무너지는 건 날치가 지갑을 훔친 부잣집 대학생을 사랑하면서부터다. 담장 너머의 세상을 욕망하는 마음과 무리를 지키려는 안간힘이 격돌할 때 드라마는 비극으로 향한다.

〈차이나타운〉에서 비 오는 신은 세 번 등장한다. 모두 중요하지만 특히 첫 번째 비 오는 신은 여러모로 시사적이다. 첫 번째, 자신의 엄마를 추모하려 부둣가에 간 엄마에게 일영이 우산을 씌워주는 장면이다. 스크린 위쪽으로 보이지 않는 키 조명이 있다. 우산을 쓴 부둣가의 밤이라는 그림만으로도 비 오는 풍경은 완성된다. 엄마는 우산 없이 비를 맞고 있다. 일영이 다가가 우산을 씌워주면 다음은 엄마가 우산을 씌워준다. 마지막은 우산 없이 비를 맞으며 홀로 걸어가는 일영이다. 영화 속 비는 치열하고 척박한 거리에 내동댕이쳐진 삶과 그들 머리 위로 끊임없이 쏟아지는 위험 즉, 불확실한 미래다. 여기서 주목할 점은 귀를 때릴 듯 우산에 쏟아지는 빗소리다. 눈으로 보기엔 큰 비가 아닌데도 식별 가능한 것보다 더 많은 비가 내린다는 착각을 불러일으킨다. 우산에 부딪히는 빗소리가 내리는 비의 양을 전달할 때, 엄마는 자기 엄마를 죽인 그 자리에서 이상한 기운을 일영에게서 감지하고 묘한 표정을 짓는다. 인물의 위치가 바뀌자 조명의 각도도 바뀌며 빗줄기가 선명해지는 대신 빗소리는 줄어든다.

두 번째, 꽃무늬 원피스를 입고 항공권을 구입한 일영. 빗속을 걸어가다 등장한 엄마의 차에 타자 엄마는 일영에게 이런 말을 던진다.

"내가 널 왜 데리고 있는 거 같아? 넌 자라질 않거든, 자랄 생각도 없고."

새로운 세상과 새 삶을 잠시나마 꿈꾼 일영의 낮과 다시 해결사가 되어야 하는 숙명의 밤이 대조되는 순간, 야속하게 내리는 빗줄기 역시 거세다. 이 시퀀스는 장기 적출 장면과 연결된다. 이창재 촬영감독은 석현의 아파트 복도 등의 광량을 올리고 조명 크레인을 띄워 아파트 외관과 빗줄기를 살렸다. 세차게 내리는 빗줄기 아래 석현의 아파트 1층에서 시퍼런 칼을 들고 기다리는 홍주와 일영의 움직임을 부감(높은 위치에서 피사체를 내려다보며 촬영하는 것)으로 잡은 투 쇼트는 비를 전경화하며 인물의 심리를 포착한다. 촬영감독은 크레인 무빙을 이용해 화면을 설계했다. 부감으로 시작해 서서히 내려오며 평각과 바스트 쇼트를 유지했다. 이는 벌어질 사건의 전조와 긴장감을 극대화한 빼어난 미장센이다.

마지막 비 오는 신은 대미를 장식하는 장대한 복수극이다. 모든 걸 끝내기 위해 엄마에게 가는 일영 앞에 내리는 비. 낮 장면으로 시종일관 거의 동일한 양의 비가 내린다. 엄마가 앉아 있는 사진관. 강한 역광으로 인물의 입체감을 더하면서 드라마의 긴장감을 고조시킨다. 건물 밖에는 비를 내리게 하고 건물 내부의 콘트라스트를 강조하는 이 쇼트는, 현실적 리얼리티를 포기했을 때 뜻밖의 멋진 쇼트가 만들어진다는 사실을 알려준다.

〈차이나타운〉에서 인상적인 장면 하나, 일영(김고은)과 석현(박보검)의 술집 시퀀스. 빚쟁이 아버지를 대신해 볼모 잡힌 석현과 해결사 일영이 술집에 앉았을 때(이미 그들은 레스토랑과 영화관을 거쳤다) 카메라는 두 사람 주위의 청년들을 트레킹 쇼트로 훑는다. CF를 보는 것처럼 아름답게 펼쳐진다. 일영은 또래 대학생들의 로맨스와 여태껏 몰랐던 삶과 평범한 일상을 마주하면서 자신의 비참한 생활과 비교한다. 일영의 심리 변화가 일어나는 순간이자 비극의 출발점이다.

석현을 지키기 위해 일영이 이탈하자 공동체 전체가 요동친다. 오빠와 동생이 죽고, 악당도 죽고, 우호적 협력자까지 모두 죽고 죽이는 살육의 퍼레이드. 마침내 엄마에게 칼을 꽂으면서 슬픈 가족사는 종지부를 찍지만, 유사가족의 소멸은 새로운 가족을 탄생시킨다. 일영을 입양한 후 주민등록증을 만들어 놓고 떠난 엄마의 희생 위에서 시작되는 새로운 의미의 가족이다. 세상의 모든 신산함을 겪어내고 살아남은 일영은 엄마에게 받은 성을 앞세워 가족의 계보를 다시 쓸 것이다. 여전히 차이나타운에서, 엄마의 이름으로.

● 일본영화

〈사랑은 비가 갠 뒤처럼〉 2018

스크린에 비를 내리게 한다는 것

하늘에서 비가 내릴 때마다 나타나는 녀석이 있다. 이름은 아키라. 육상부이고 일본 고등학교 기록 보유자다. 아킬레스건 파열로 운동을 그만둔 후 패밀리레스토랑에서 아르바이트하는 열일곱 살 소녀다. 레스토랑 점장은 마흔다섯 살 이혼남이다. 소설가를 꿈꾸던 문학청년에서 일상에 찌든 아저씨로 전락했다(고 본인은 생각한다). 한쪽은 몸을 다쳤고 다른 한쪽은 마음이 닫혔다. 상처 입은 두 사람이 세상을 향해 쏘아 올린 재기 신호탄을 멜로드라마 관습으로 소화한 영화가 바로 〈사랑은 비가 갠 뒤처럼〉이다.

영화는 제목에 걸맞게 비 오는 장면이 많다. 점장과 아키라가 처음 대면할 때도, 아키라가 속마음을 고백하던 날도, 고열로 앓아누운 점장의 집을 찾은 밤에도 어김없이 비가 내렸다. 힘든 시절에 대한 메타포로 비를 선택한 감독은 결정적 순간마다 효과적으로 비를 쏟아붓는다. 책을 좋아하는 점장 캐릭터에 맞춰 아쿠타가와 류노스케의 대표작 《라쇼몽》도 여러 차례 등장한다(소설은 1950년 구로사와 아키라의 손을 거쳐 걸작 영화 〈라쇼몽〉으로 탄생한다. 이 영화에서 구로사와는 비 내리는 장면을 어떻게 찍어야 하는지 정석을 보여준다).

"촬영이란 빛을 기록하는 일이다"라고 톰 맥도너가 말했듯 비 내리는 장면 묘사에서 가장 중요한 건 조명이다. 실제로 비가 올 때 현실을 배경으로 카메라를 잡으면 빗방울은 보이지 않는다. 비를 비답게, 즉 비가 비처럼 보이게 찍으려면 비의 반대편에서 조명을 쏘아 빗방울을 부각시키는 절차가 필요하다. 예컨대 아키라가 점장의 집을 방문하는 시퀀스. 직사각형 구조인 점장의 집은 큰 창문이 두 면을 차지한다. 창밖엔 비가 억수로 내리붓고 아키라와 점장은 각각 창문을 등지고 앉아 있다. 이런 경우 대개 창문 하나만 배경으로 비를 찍는다. 먼 쪽 창문까지 포함시키면 스태프와 살수차, 조명까지 모든 게 2배로 소요되기 때문이다. 그런데 감독은 두 창문 모두에서 비를 뿌린다. 아키라의 따뜻한 마음과 비가 만나 낭만의 정조를 피워올린 명장면이다.

힘든 시절에 대한 메타포로 비를
선택한 감독은 결정적 순간마다
효과적으로 비를 쏟아붓는다.

아픈 다리를 끌고 패밀리레스토랑에 들어온 아키라에게 따뜻한 커피 한잔을 내주며 "비는 곧 그칠 겁니다"라고 위로한 건 점장이다. 아르바이트생이 된 아키라가 끝내 육상을 포기할 기미를 보이자 "비가 그치기만 기다리는 건 너무 따분하잖아" 하고 독려한 것도 점장이다. 중요한 상황마다 비를 등장시켜 인물의 심리를 보여주던 영화는 두 사람이 회복의 시간을 거쳐 승진을 앞둔 점장과 운동을 다시 시작한 아키라가 조우하는 장면으로 끝맺는다.

영화에서 비를 내리는 것이 얼마나 중요한지, 비의 서정성은 어떤 방식으로 인물의 정서와 서사를 밀접하게 관계 맺게 하는지 증명한 〈사랑은 비가 갠 뒤처럼〉. 아름다운 관념의 형상물이 되어 화자의 의식으로 내리는 비다운 비, 비가 매개물로 작동하는 한국 영화를 만나고 싶다.

〈태풍이 지나가고〉 2016
폭풍우 속에서 찾은 꿈

생각해 보니 고레에다 히로카즈의 영화는 빼놓지 않고 봤을 정도로 난 그의 팬이다. 〈아무도 모른다〉에서 울컥했고 〈하나〉를 보며 박장대소했으며, 〈걸어도 걸어도〉에선 오즈 야스지로의 풍모를 엿보았다. 때문에 〈태풍이 지나가고〉를 보지

162

않는다는 건 상상도 할 수 없는 일이었다.

〈태풍이 지나가고〉는 고레에다 감독이 아홉 살 때까지 살던 목조 연립주택에서의 기억을 소환한 자전적 이야기다. 태풍이 올 때마다 지붕이 날아가지 않도록 밧줄로 동여매거나 함석으로 창문을 덮었던 기억들. 고레에다는 자신이 그동안 만들어온 가족드라마의 모든 것을 이 영화에 쏟아붓기로 작심한다. 감독 자신이 밝혔듯, 20년 동안 영화감독으로의 행보뿐 아니라 어릴 적 좋아했던 TV 홈드라마에 대한 편애와 존경을 〈태풍이 지나가고〉에 담았다. 자기가 쓰고 싶은 이야기를 쓰고 싶은 대로 써본 작품이라는 점에서 다시 '작가'로 돌아왔다고 말하는 고레에다 히로카즈.

일본의 유명 개그맨이자 영화감독인 기타노 다케시는 "가족이란 누가 보지 않으면 슬며시 내다 버리고 싶은 존재"라고 말한 바 있다. 가족이라고 언제나 좋은 존재는 아닐 터. 평생의 짐 같은 가족은 또 얼마나 많은가. 그동안 수많은 영화에서 그려낸 가족주의가 존재만으로도 언제나 내 편이고 힘을 주는 대상이었다면, 〈태풍이 지나가고〉에선 느슨하고 얄팍하며 자기 잇속만 차리는 구성원의 집합체로 그려진다. 물론 이 또한 가족이라고 말한다. 그렇다! 고레에다는 〈걸어도 걸어도〉에서 한 발 나아간 가족시네마를 완성한다. 누구나 꿈꾸는 대로 살 순 없는 노릇이다. 꿈꾸던 미래와 다른 현재를 사는 게 이들 가족만의 이야기는 아닐 터.

장남 기일(忌日)에 모여 서로 불편한 속내를 드러내는 과정을 통해 가족의 초상을 그린 〈걸어도 걸어도〉. 〈태풍이 지나가고〉는 바로 〈걸어도 걸어도〉가 정지한 지점에서 시작하는 영화로, 이를 통해 감독은 '가족일 수밖에 없는' 가족의 원형에 대해 이야기한다.

태풍 23호 예보로 시작하는 영화는 규슈지방을 강타한 24호 태풍을 경유해 끝난다. 그 사이 가족 구성원의 속내가 드러나고 공개되며 발각된다. 고레에다 영화의 자식들은 아내와 불화를 겪거나 엄마에게 의존하는 존재로 그려진다. 아들은 늘 제자리를 잡지 못한 채 과거의 영광에 사로잡혀 있으며 딸은 호시탐탐 부모의 빈자리를 노린다. 심지어 소설 취재를 핑계 삼아 흥신소에 다니는 아들은 편법으로 돈을 갈취하고, 그 돈을 경륜과 파친코에 허비하면서도 양육비를 두 달째 미룬 상태다. 그렇다고 별난 건 아니다. 보통의 가정에 있을 법한 상황이다.

엄마도 보통은 넘는다. 뼈 있는 농담으로 자식의 의중을 받아친다. 오래전 받은 문학상에 얽매여 작가의 삶을 포기 못한 채 지리멸렬한 자식 면전에 대고, 그래도 우리 집안에 대기만성이 하나 있다고 말하는 엄마다. "열매도 잎사귀도 변변치 않지만 우리 료타라고 생각하며 매일 물을 주고 있다"며 기어이 자식의 심기를 긁는다. 고레에다의 엄마는 그래도 된다. 자식이라고 집에 와서 반찬 가져갈 궁리나 하는 딸과 아버지 유품을 팔아먹고 엄마의 쌈짓돈을 뒤지는 아들이니, 그런데도 자식에게 다 내주는 엄마였으니 그래도 된다. 세상 물정 모르는 남편이 속을 썩이고 자식이 뜻대로 살지 못해도 고레에다의 엄마는 가정의 중심이고 세상의 중심이다. 일상의 현자다. 종종 촌철살인 멘트로 자식들에게 우회적으로 말해도 가슴 따뜻한 철학자다.

아들과 마주 앉은 밤, 엄마는 이혼한 아들에게 충고한다. "잃어버린 것을 쫓아가고 이룰 수 없는 꿈을 꾸며, 그렇게 살면 하루가 행복하지 않은데…"라고 말이다. "남자들은 가까이 있는 걸 귀하게 여기지 못한다"는 말도 덧붙인다. 영화는 자식도 인생도 뜻대로 되지 않는다고 말한다. 료타와 이혼한 전처 쿄코는 "이러려던 게 아니었는데, 이렇게 될 줄 몰랐는데"라며 자신의 결혼생활을 돌아본다. 이는 비단 료타와 쿄코에게만 해당되는 일은 아닐 터. 아들을 데리고 일찍 도쿄로 돌아갈 생각인 쿄코를 태풍이 막았듯 삶도 마찬가지다. 그나마 둘은 태풍으로 하룻밤을 같이 보낸 덕분에 조금이나마 자신을 돌아볼 수 있었지만.

쿄코가 시댁에 도착했을 때 이미 비는 내리고 있었다. 태풍으로 인해 폭우가 쏟아지는 저녁부터 다음 날 아침까지 료타와 쿄코와 싱고는 엄마의 연립단지에서 가족이 하는 모든 것을 함께 할 터였다. 예컨대 저녁을 준비해 밥을 먹고, 목욕 후엔 맥주를 마시면서 게임을 하다가 오래된 가족사진을 보며 추억에 잠기고, 마침내 이혼한 남편의 탯줄을 받는 성스러운 의식을 거치면서 가족을 되새기게 될 것이었다. 이는 갈라선 두 사람을 재결합시키고자 하는 엄마의 마음이다. 그러나 고레에다는 같이 살든 아니든 한 번 가족이면 남이 되는 게 쉽지 않다는 걸 말하는 듯하다. 아무리 다른 남자와 살게 되어도 내가 싱고의 아버지라는 사실은 변하지 않는다고 쿄코에게 말하는 료타의 항변도 같은 맥락이다.

　새벽이 돼도 잠이 오지 않는 아버지와 아들, 료타와 싱고는 손전등을 들고 놀이터로 나간다. 료타가 어릴 때 아버지와 함께 놀던 놀이터 미끄럼틀로. 비바람이 치는 놀이터. 불빛이라곤 료타의 손전등과 나무 옆에 선 가로등 두 개가 전부다. 쿄코까지 가세해 온 가족이 미끄럼틀 속으로 모인다. 압권은 폭풍우 속에서 복권을 찾아 놀이터를 헤매는 가족의 모습이다. 료타는 복권이 꿈이라고 말하고, 쿄코는 도박이라고 말한다. 지금 이들은 꿈을 찾는 중이다. 한 장, 두 장, 그렇게 주워 모은 복권은 태풍이 지나간 다음 날 발코니 빨래걸이에 가지런히 매달려 있다. 어젯밤 일이 꿈인 듯. 밤새 가족은 선을 긋고 지웠다가 다시 그으면서 도박과 꿈 사이를 오간다. 그들이 확인한 건 꿈도 도박도 아닌 한때 가족이었고 또 앞으로도 가족일 거라는 사실이다. 고레에다의 말대로 "가족은 버려도 버려도 돌아오는 존재"니까.

　가족의 일이라면 열 일 제쳐두고 무조건 편을 들어주던 맹목적 가족주의의 종언. 그것은 성장과 성숙의 다른 이름이다. 〈태풍이 지나가고〉가 주인공 료타의 성장담인 동시에 이 시대 미성숙 어른을 위한 성장 영화인 까닭이다.

일본 영화답게 시종일관 담담하고 긴 호흡으로 때론 유쾌함으로 다가오는 이 영화에서, 배우들의 연기는 더없이 유려하다. 고레에다의 페르소나 아베 히로시와 키키 키린은 말할 것도 없다. 얄미운 누나 역의(⟨카모메 식당⟩의 히로인) 고바야시 사토미와 이혼한 전처 역의 마키 요코까지, 모자람 없는 연기로 영화의 완성도를 높인다.

어릴 적 꿈꾸던 사람이 된다는 것, 그리고 그런 삶을 산다는 건 쉽지 않은 일이다. '되고 못되고가 중요한 게 아니라 그 마음을 간직하고 있다는 사실이 중요하다'고 믿는 주인공 료타는 복권이 도박이라고 말하는 아들에게 말한다. "복권은 꿈이야"라고. 태풍이 불고 폭우가 몰아치던 밤, 세 가족이 공원 앞에서 잃어버린 복권을 찾는 장면은 그래서 이 영화의 베스트 신이다. 서로 다른 방향으로 움직이며 자신의 꿈을 찾는 것. 가족이라고 해서 꼭 같이 뭉쳐서 움직여야 하는 건 아니다. 영화의 엔딩신이 허허로운 미소를 짓게 만드는 까닭이다.

⟨날씨의 아이⟩ 2019
너를 위해서라면 1,000일의 비쯤이야

2020년 여름, 54일 동안 지루한 장맛비가 내렸다. 코로

압권은 폭풍우 속에서 복권을 찾아
놀이터를 헤매는 가족의 모습이다.
료타는 복권이 꿈이라고 말하고,
쿄코는 도박이라고 말한다.
지금 이들은 꿈을 찾는 중이다.

나19 감염병까지 더해 마스크를 쓴 채로 습하고 더운 날씨를 견디느라 사람들은 힘겨웠다. 그린피스 서울사무소는 외부기관의 데이터를 분석한 결과, 기후변화로 인해 해수면이 상승하고 태풍이 자주 한반도를 강타할 거로 내다봤다. 2030년에는 국토 면적의 5퍼센트가 물에 잠기고 332만 명이 직접적인 수해를 입을 것이라고 전망한다.

시작부터 비가 내리는 영화는 많다. 그러나 시작부터 끝날 때까지 쉬지 않고 비가 내리는 영화는 드물다. 비 내리는 음습한 도시에서 시작하는 데이비드 핀처의 〈세븐〉은 연쇄살인 사건이 벌어지는 내내 비가 오지만 마지막 장면은 햇볕 뜨거운 사막 한복판이다. 엄청난 비를 쏟아붓는 〈라쇼몽〉도 재판정과 숲속 플래시백은 태양으로 눈이 부실 정도다. 반면 신카이 마코토는 주야장천 비를 내리는 것도 모자라 도쿄를 물에 잠기게 만든다. 물론 예전에 도쿄 일대가 해안가였다는 역사적 근거도 드러내면서.

신카이 마코토 감독의 〈날씨의 아이〉는 이상 기온으로 인해 여름 내내 비가 내리는 도쿄를 배경으로 한다. 엄마와 한 번만이라도 공원을 걷길 간구하는 히나가 '맑음 소녀'로 탈바꿈해 사람들의 소망을 이뤄주기까지가 전반부다. 하늘을 맑게 할 때마다 점차 사라져가는 육체를 스스로 바친 히나를 구하려는 호다카의 좌충우돌과 그 이후의 세상을 감독은 후반부에 배치한다. 그 사이사이에 히나와 호다카의 멜로드라마를 섞고 몇몇 인물의 에피소드도 넣으면서 비에 젖은 도시의 정조를 하나로 묶는다.

영화는 시작부터 비가 내린다. 마지막엔 아예 3년 동안 쉬지 않고 비가 내렸다는 내레이션이 깔린다. 성서에 따르면 노아의 홍수는 40일 밤낮으로 내렸다(산술적 계산으로 따지면 시간당 5,000밀리미터의 강수량이다). 그런데 열다섯 살 여자아이를 향한 열여섯 살 사내아이의 간절한 마음에 화답하기 위해 1,000일 동안 비를 내리게 만든 감독이라니. 연일 내리는 비로 기온까지 떨어져 한여름에 눈이 오는 일까지 벌어진다. 황당한 이야기다. 하지만 〈언어의 정원〉에서 비 오는 날 만난 두 남녀의 감정선을 부각시키며 매일 비가 내리길 기도하게 만든 신카이 마코토라면 여름 내내 비가 내리는 건 놀랄 일도 아니다.

예로부터 비가 오랫동안 내리지 않아 가뭄이 들고 농작물이 말라 죽으면 기우제를 지냈다. 현대 과학은 인공강우를 만들어냈다. 다시 말해 주술이든 기우제든 간절한 염원이든 아니면 과학기술이든 비를 내리게 하는 방안은 다양하게 시도한 반면, 내리는 비를 멈추게 하고 햇빛을 보여주는 방법은 없었다는 얘기다.

흥미로운 건 스가와 나츠미가 취재 과정에서 만난 노인의 말이다. 800년 전에 그려졌다는 '천궁도'를 보여주면서 '날씨의 무녀가 본 하늘'이라고 설명하는 노인은 날씨는 하늘의 기분이고, 인간 따위와 상관없다고 말한다. 어느 시대 어느 나라에나 하늘과 줄이 닿은 날씨의 무녀가 존재했고, 사람들의 간절한 소망을 하늘에 전달했다고. 같은 맥락으로 200년 전까지만 해도 도쿄 부근은 바다였고 도쿄는 작은 만이었다는, 즉 인간과 날씨가 도쿄를 조금씩 바꾸었다는 이야기. 이처럼 신카이 마코토는 역사와 신화, 전설의 적절한 배합을 통해 리얼리티를 확보한다.

신카이 마코토의 전작 〈언어의 정원〉에선 비가 타카오와 유키노 두 사람만을 위해 내린다면, 〈날씨의 아이〉의 비는 도시 전체에 영향을 미친다. 그러니까 유례없는 8월의 추위와 내리는 비로 인해 사람들은 심리적으로 쳐지고 도시는 활력을 잃는다. 장기간의 이상기후로 인해 가장 큰 피해를 보는 대상은 아이들과 상인 그리고 평범한 시민이다. 아내와 사별한 스가가 처가에 맡긴 딸 모카를 만날 수 없는 것도 연일 내리는 비 때문이다. 해가 쨍쨍한 날 매출이 두 배 좋다며 맑음 소녀에게 도움을 요청하는 것도 원인은 비에 있다. 세상을 떠난 남편의 첫 백중에는 쾌청하길 바라는 간절한 마음도, 불꽃축제 열리는 밤하늘이 맑기를 기다리는 시민의 소망도 다 같은 맥락이다. 무엇보다 걱정인 건 아이들이다. 밖에서 놀 수 없는 아이들은 위축되고 소극적이며 왜소해진다.

한재각의 저서 《기후정의》에 따르면 기후 위기는 우리 모두의 문제라는 말은 틀리지 않으나, 기후변화에 따른 영향의 정도는 모두에게 동일하지 않다. 현세대보다 미래세대, 기성

세대보다 청소년 세대에게 더욱 가혹하며 현세대일지라도 모두 동일하지 않다는 것. 기후변화로 인한 피해에 더 취약하고 더 큰 고통을 당하는 국가와 사람들이 따로 있다는 얘기다.

섬 지방에서 가출한 열여섯 살 소년 호다카가 도쿄로 가기 위해 몸을 실은 배. 폭풍우 소식에 모두 객실로 들어간 사이 호다카 혼자 갑판에서 하늘을 바라본다. 한두 방울 비가 내리기 시작한다. 도쿄에 가까워졌다는 신호다. 흥분의 순간도 잠시, 하늘 중심이 열리면서 엄청난 양의 물폭탄이 쏟아진다. 순식간에 벌어진 일이다. 비의 도시 도쿄에서 벌어질 일의 예고편이다. 물가는 비싸고 잠자리는 만족스럽지 않으며 미성년자가 기댈 아르바이트가 없어 경제적으로 몰릴 수밖에 없는 녹록지 않은 앞날이 그를 기다리고 있다. 〈날씨의 아이〉의 오프닝이다.

석사과정 마지막 여름방학에는 장맛비가 억수같이 내렸다. 아무도 학교에 나오지 않는 휴가 기간에 연구실에서 숙식하며 시간을 보내고 있었는데 마음이 몹시 허전해졌다. 맨몸으로 운동장에 나가 장대 같은 빗속에 몸을 맡겨보았다. 목이 말라 입을 벌려 빗물을 마셔보기도 했다. 밀려오는 갈증에 가슴이 갑갑할 뿐이다. 그 답답한 생활을 언제 어떻게 끝낼 수 있을지 모르겠고, 살아가야 할 앞날이 막막했다.

_김해동,《내일의 날씨, 어떻습니까?》 중에서

173

● 대만영화

〈안녕, 용문객잔〉 2003
마지막이 마지막이 아닌 이유

어느 날 오후, 범죄 거리의 파리지아나 영화관에서 일어났
던 일을 결코 잊을 수 없으리라. 한때 이 영화관은 스피넬
리 같은 스타들이 출연했던 공연장이었다. 내가 보러 간 영
화는 미국 영화였다. 관객은 나 혼자였다. 몇십 분인가 흘렀
을 때 멀지 않은 곳에 누군가 앉아 있다는 느낌이 들었다.
나는 이 수수께끼의 진상을 규명해야겠다는 생각으로 몸을
일으켰다. 영화는 살해당한 여인이 유령이 되어 살인자들
의 주위를 맴돈다는 내용이다. 도저히 찾을 수 없을 것 같은
장소에 살인자들이 숨는데도 유령은 어김없이 그들을 찾아

냈다. 나는 저승에서 온 어떤 존재와 맞부딪칠 것을 각오하고 있었다. 하지만 내가 발견한 것은 좌석 위에 웅크리고 앉은 커다란 쥐였다. 그놈도 편안하게 앉아 영화를 관람하고 있었다. 그놈은 나 때문에 깜짝 놀라서 달아났다. 나는 나의 유령에게로 다시 돌아갔다.

프랑스 시적 리얼리즘의 거장 장 르누아르는 자신의 자서전 《나의 인생 나의 영화 장 르누아르》에서 어린 시절 만난 영화와 영화관에 관한 기억을 이렇게 적고 있다.

중학생 시절, 내가 살던 동네에는 두 개의 극장이 있었다. 하나는 재개봉관이고 다른 하나는 동시상영관이었다. 재개봉관의 주인은 영화배우 신영균이라는 소문이 돌았다. 혹시나 영화배우를 보게 될까 싶어 그 앞을 지날 때마다 흘끔거렸다. 신영균은 끝내 내 눈앞에 나타나지 않았다. 스무 살 시절 극장은 도피처이자 이상과 현실의 격전장이었다. 아찔한 금발미녀들의 풍만한 육체가 스크린에 전시될 때 머리를 가득 채운 '전두환은 물러가라!'는 구호는 '섹시 글래머여 내게로 오라'로 바뀌었고, 나는 판타지 세계로 아득하게 침잠했다. 하루 종일 최루탄에 혹사당한 가슴과 머리와 얼굴을 식히기에 영화관만 한 장소가 없었다. 동시상영관일수록 좋았고 변두리로 갈수록 아늑했다. 최신 개봉작을 때맞춰 보기 위해선 시내로 나가야 했다. 90년대 후반까지 그랬다. 괜찮은 한국 영화와 배창호 감독

의 작품은 명보극장이 전담했고, 70밀리미터 대형영화는 대한
극장에서 볼 수 있었으며 〈서편제〉를 보기 위해선 단성사에 가
야 했다. 스카라극장은 음향시설이 압권이었다. 97년 가을 피카
디리극장에서 만난 〈접속〉과 82년 〈레이더스〉를 보기 위해 늘
어선 매표 대열에서 2시간을 기다린 서울극장을 잊지 못한다.

영화관에 대해 이야기할 때면 내가 반드시 언급하는
몇 편의 영화들, 예컨대 피터 보그다노비치가 1971년에 만든
〈마지막 영화관〉과 서울아트시네마가 소격동 선재아트센터에
서 낙원상가로 옮겨가기 전 고별 상영작이던 차이밍량의 〈안녕,
용문객잔〉을 기억해야 한다. 다비드 페라리오의 〈애프터 미드
나잇〉도 꼽는 영화 중 하나다. 물론 세 영화가 모두 비와 관련된
건 아니다. 날씨와 계절보다는 영화관에 관한 영화라고 보는 게
맞다. 그럼에도 나는 비가 내리는 한 편의 영화 〈안녕, 용문객
잔〉 이야기를 꺼내기 전에 반드시 두 편의 영화를 경유해야 한
다고 믿는다. 비가 오고 안 오고의 문제가 아니라 영화관을 둘
러싼 시대와 풍경에 관한 이야기부터 시작해야 한다는 믿음에
서다.

50년대와의 작별을 고하는 방법에 관해 70년대의 고
민을 담은 피터 보그다노비치의 의미심장한 영화 〈마지막 영화
관〉. 개발에 밀려 정체성을 잃어버린 텍사스 소읍의 이야기를
통해 시대의 진보와 도시 발전이 사람들을 어떻게 허무와 체념
의 일상으로 몰아넣는지 보여준다. 머릿속에는 온통 섹스와 향

락만 가득 찬 아이들과 무료한 일상에 지친 어른들이 밀고 당기는 로맨스로 잠시나마 활력을 띠던 영화는, 사자 샘의 죽음과 함께 쇠락을 맞이한다. 당구장과 영화관이 폐쇄되자 마을은 바람에 날리는 먼지처럼 을씨년스런 풍경만 남는다. 누구도 찾지 않는 마을 영화관은 존재하고 있되 소멸을 향할 따름인 변두리 풍경을 닮았다.

　다비드 페라리오의 〈애프터 미드나잇〉은 세 남녀의 애정 방정식을 통해 영화를 매개로 꿈꾸는 삶의 가치를 알려주는 작품이다. 토리노에 위치한 이탈리아 국립영화박물관이 공간이다. 영화는 뤼미에르 형제부터 버스터 키튼을 거쳐 찰리 채플린에 이르기까지 위대한 고전시대의 흔적을 빼곡하게 보관한 영화박물관을 삶과 진심 어린 관계의 결핍에 지친 여인이 숨어들기에 그만인 장소로 묘사한다. 이를테면 혼자가 아님을 일깨워주는 마술적 리얼리즘이 피어나는 장소로서 영화박물관이 얼마나 환상적인지 알려준다. 그러므로 공간이 인물을 지배할 때, 영화가 인물에 영향을 끼칠 때, 그 인물이 적어도 영화에 관한 완전한 풍요가 깃든 공간에 압도당할 때, 결핍은 사라지고 우연은 필연이 되면서 호감이 사랑으로 바뀌는 것은 당연한 일인지도 모른다. 마침내 영화가 현실에 삼투해 현실이 영화가 되어버리는 꿈같은 여정이 마침표를 찍을 때쯤, 극 중 인물이 보여주는 소심하지만 영롱한 비눗방울 같은 사랑에, 이 매혹적인 영화보관소는 판타지의 무대로 변신한다.

178

그러나 아쉽게도(?) 두 편의 영화에는 비 오는 장면이 나오지 않는다. 미국 텍사스나 이탈리아 토리노는 비를 구경하기 힘든 지역이다. 건조하고 황량하거나 화려하고 혼란스러운 낮과 밤이 뒤엉키는 공간에서 영화관은 힘들게 숨결을 고르고 있을 뿐이다. 반면 차이밍량의 〈안녕, 용문객잔〉은 비와 한몸이 되어 움직인다. 그러니까 시작부터 끝날 때까지 쉼 없이 비가 내린다.

영화가 끝나고 극장 문을 나섰는데 비가 오고 있다. 다른 약속이 있어 서둘러 떠나거나 우산이 없어 잠깐 어귀에서 비를 피하는 짧은 순간 동안, 바로 직전에 본 영화를 떠올릴지도 모른다. 강렬한 어떤 쇼트이거나 잊지 못할 대사거나 아니면 배우의 얼굴이거나. 그렇게 당신은 영화를 뇌에 각인시키고 그곳을 떠날 것이다. 그런데 만약 당신이 극장 관계자라면, 종일 필름을 갈아 끼우거나 표를 팔거나 청소와 정리로 힘든 하루를 끝내고 나왔는데 비가 쏟아진다면. 게다가 오늘이 극장 마지막 영업일이라면. 내일부터 다시 올 일 없는 애증의 공간을 떠날 때 나를 맞는 게 고작 쏟아지는 빗줄기라면. 내가 〈안녕, 용문객잔〉을 잊지 못하는 이유는 매표원이면서 청소부인 진상기가 절뚝거리는 불편한 몸으로 극장을 떠날 때(한 손에는 가방을, 다른 손에는 우산을 들고) 쏟아지는 빗줄기와 이 정도는 늘 겪는 일이라는 표정으로 비탈길을 내려가 화면 밖으로 사라지는 그녀의 무표정 때문이다. 마치 내 삶은 언제나 이랬어, 라는 듯.

명나라 말기 동장과 금의위의 기세가 등등하던 시절, 환관 우두머리 조소겸이 충신인 병부상서 우겸의 사형을 집행하는 1967년 호금전의 걸작 〈용문객잔〉의 오프닝 신으로 〈안녕, 용문객잔〉은 시작한다. 말하자면 영화 속의 영화. 상영관 출입구 암막 커튼 사이로 보이는 관객과 이를 지켜보는 직원, 마치 에드워드 호퍼의 〈뉴욕 극장〉에서 출입구 옆 생각에 잠긴 여인을 떠올리게 하는 카메라는 다시 못 볼 마지막 풍경(오늘 지금 이 이 극장의 마지막 상영이다)에 대한 비감 어린 고백이다.

영화가 시작되고 무려 45분여 만에 나온 첫 번째 대사는 "이 영화관에 귀신이 사는 거 알아요?"다. 이 이야기를 전해 들은 인물이 영화관으로 돌아와 자리에 앉자 뒷자리 어디에선가 쉼 없이 견과류 부수는 소리가 들린다. 행위는 점점 반복적으로 이어지고, 마침내 자기 바로 뒷좌석에서 그 소리가 들릴 때 사내는 꽁지를 빼고 계단을 달려 사라진다. 르누아르가 자서전에서 밝힌 체험담의 명백한 현전이다. 두 번째 대사는 첫 번째 대사 이후 22분이 지난 러닝타임 1시간 7분경에서야 들린다. 극장 로비에서 만난 왕년의 두 배우가 나누는 탄식 어린 대화다.

"이제 아무도 이 영화를 보러 오지 않습니다. 우릴 기억하는 사람도 없죠."

잊혀가는 오래된 영화관에 대한 추억이자 회고담이며 안타까운 송사인 차이밍량의 〈안녕, 용문객잔〉은 영화를 통틀어 단 두 시퀀스에서 세 마디의 대사를 남길 뿐이다.

휴관을 앞둔 영화관에서 벌어지는 이야기를 통해 감독이 말하는 것은 단순하다. 당신이 이런 장면을 만나는 것마저도 추억이 될지 모른다고. 즉 멀티플렉스에서 영화를 만나고, 그곳에서 영화를 배운 세대가 감독이 되었을 땐 이런 영화조차 만들어질 리 없을 거라고 말이다. 영화 속 영화관은 시대를 반영하며 하루의 고단함으로 얼룩진 저녁을 위로하던 시절의 풍경이자 켜켜이 쌓아온 시간에 대한 무궁한 헌사의 대상이 된다. 그러므로 영화관을 둘러싼 공기와 스크린에서 벌어지는 이야기, 관객마다의 독특한 습관, 영화관이어서 발견되는 에피소드들, 자리 비우기 일쑤인 영사기사와 그에게 맘을 쓰는 매표원, 상영 중인 영화에 출연한 왕년의 무협 스타들이 들쑥날쑥 객석 사이를 종횡할 때 우리는 종종 빛바랜 시절의 극장과 만난다.

문을 닫게 될 영화관이라고 다를 게 무엇이 있겠냐고? 멀티플렉스의 하루를 상상해보라. 안내와 입장과 착석과 광고 시청 후 영화 관람 그리고 퇴장, 멀티플렉스의 관람 환경과 관련해 이것 말고 또 무슨 할 말이 있겠는가.

반면 앞좌석에 발을 얹은 사람과 쉼 없이 무언가를 먹는 사람, 이 자리 저 자리를 옮겨 다니며 보는 사람, 추레한 공간에는 어울리지 않을 묘령의 여성, 상영관과 창고를 종횡무진

하며 하루를 소일하는 사람까지. 반복되는 일상에 감춰놓았던 마음을 드러내고자 영사실에 만주를 놓고 내려오는 매표원의 지난한 시간을 롱테이크로 일관하는 완고함이, 빈둥거리며 하루를 소비하다 종영 후 필름을 감는 영사기사의 무심하고 달관한 표정 위로 오버랩 될 때, 마침내 러닝타임 1시간 13분이 지난 후 극장 문을 잠그고 제 갈 길로 가는 남녀의 기약 없는 발걸음에 안타까움이 더해지고, 삼류극장에서나 볼 법한 스크래치 가득한 화면조차 그리움으로 남으면, 존재감 없는 영화관 풍경은 하나의 문화가 되고 시대의 기표로 안착한다.

〈안녕, 용문객잔〉에서 말하는 영화관의 폐관을 '한 시대의 폐막' 같은 감정적 언술로 표현한다는 건 한 세기에 혼신을 바친 이들에 대한 값싼 헌사일지도 모른다. 공간은 사라져도 추억은 남을 것이고, 그곳과 함께한 기억과 시대의 공기는 사라지지 않기 때문이다.

누구에게나 허름한 동네 삼류 동시상영관이나 혹은 최신시설을 갖춘 멀티플렉스에서 영화를 보며 꿈을 키우던 시절이 있었으리라. 세월을 거슬러 올라가면 극장 쇼가 벌어지고 은막의 스타들이 당대의 패션리더로 문화를 선도하던 그 시절, 극장은 서민들의 낙원이었고 영화는 그들이 꿈꾸는 세상과 소통하고 만나는 해방구였다. 시공간을 초월해 지금 여기에 도착한 모든 영화가 빛바랜 추억으로 사람들 뇌리에 자리하는 건 이 때문이다. 상상의 공간에서 현실의 고단함을 잊게 하며 현실이 따뜻하다는 것을 보여준다는 기본 명제를 벗어남이 없기에 여전히 영화는 꿈의 공장이고, 영화관은 가공된 꿈의 전시장이며 보관소이자 학교다.

롤랑 바르트는 영화관의 어둠 이전에 거리의 어둠이 있다면서 밤의 경험이 영화 체험의 가장 중요한 요소라고 말했다. 이 모든 것을 가능하게 만든 것이 바로! 영화관이다. 바르트는 한가로움과 자유로움과 도시의 익명성과 황혼의 몽상으로써 어둠이 영화관의 에로티시즘을 자극한다고 봤다. 우리가 기억하는 숱한 극장들 또한 오래전 한 시절, 서민들의 고단한 삶을 털어내고 안식과 위로를 선사하는 유일한 해방구로서 어둠 속 낯선 이와의 만남이 주는 에로티시즘의 공간으로 존재했을 것임에 틀림없다. 그러하기에 영화는 개별적으로 기억되는 법이 없다. 영화를 같이 본 사람과 그 시간과 장소에 대한 기억이 하나로 합쳐져 영화에 대한 기록이 되고 끝내 추억으로 자리한다.

"같은 시간, 같은 공간에서 함께 영화를 본다는 것은 함께 숨 쉬고 함께 살아간다는 것이다."

당신은 그리고 우리는 영화관에 관한 어떤 추억을 갖고 있습니까. 영화관에서 나왔을 때 비가 억수같이 내린 어느 날을 기억합니까. 빗속을 뚫고 돌아가는 마음은 어떠했나요?

그 시절, 극장은
서민들의 낙원이었고
영화는
그들이 꿈꾸는 세상과
소통하고 만나는
해방구였다.

〈쓰리 타임즈〉 2005
머뭇거림의 순간과 Rain and Tears

"내 이전 영화는 과거를 다루었다. 과거는 기억이다. 과거를 영화로 찍는 것은 빛바랜 사진을 차곡차곡 쌓는 작업과 같다. 그래서 나는 카메라를 움직이지 않고 롱테이크로 과거를 찍었다. 그러나 현재는 복잡하고 변화가 심한 시대다. 현대를 살아가는 사람들의 마음속에 무엇이 들어 있을까, 나는 궁금했다. 밀레니엄을 사는 젊은이들의 표정을 엿보고 싶었던 나는 그래서 카메라를 움직여 등장인물들에게 다가갔다. 내 예전 영화가 멀리서 낭만적으로 훔쳐봤다면 이번에는 가까이서 훔쳐본 것이다."

_ 허우 샤오시엔

가오슝, 1966년. 자막과 함께 프레임에 걸린 갓등과 흐릿한 초록 잎. 카메라가 아래로 내려오고 플래터스의 〈Smoke Gets In Your Eyes〉가 흐르며 당구 큐를 잡은 서기의 모습이 드러날 때, 수줍은 청춘의 사랑이 시작된다. 대만 출신의 거장 허우 샤오시엔의 〈쓰리 타임즈〉다.

장첸은 당구장에서 일하는 서기에게 편지를 써서 보낸다. 여기는 항상 보슬비가 내리고, 부대엔 〈Rain and Tears〉가 흐르고 있다고. 외박을 나온 장첸에게 허락된 시간은 아침 아홉

시까지. 당구장을 그만둔 서기를 찾아 몇 곳의 당구장을 거쳐서야 그녀를 만난다. 이른바 '연애몽(꿈속의 사랑)'이다.

〈쓰리 타임즈〉는 세 개의 이야기로 나누어 진행되는 영화다. 대만 출신의 장첸과 서기가 3편 모두 주인공을 맡았다. 영화에서 감독이 말하고자 하는 바는 최고의 순간, 즉 돌아올 수 없는 시간에 대한 것이다. 허우 샤오시엔은 "사랑의 방식과 개념이 변한다 해도 사랑하는 순간의 머뭇거림과 떨림은 언제나 기억할 수밖에 없다"고 말한다. 그것보다 더 대단하고 숭고한 최고의 삽화가 있을지언정 그 순간은 오직 그때 한 번뿐이니까. 다시는 돌아올 수 없을 테니까. 당구장 소녀와 군인의 사랑도, 개혁 지식인과 유곽 기녀의 사랑도, 눈이 멀어가는 가수와 청년의 사랑도. 그래서 에피소드의 제목은 연애몽, 자유몽, 청춘몽이다.

반갑고 신기하고 가슴 벅찬 감정으로 가득한 두 사람의 어색한 웃음. 야시장에서 식사하는 그들 위로 아프로디테스 차일드의 〈Rain and Tears〉가 흐른다. 빗속에서 우산을 쓰고 버스정류장에 선 두 사람, 새로 시작하려는 연인이 두 손을 꼭 잡을 때 음악 소리는 점점 작아지고 페이드아웃. 화면이 컴컴해지자 이전 시간으로 돌아가고 싶은 마음이 올라온다. 가장 좋았던 시간, 가장 아름다운 순간을 붙잡아두고 싶은 마음이다.

이제 막 연애가 시작되려는 찰나, 마음은 애틋한데 시간은 부족한 기억. 안타까운 마음으로 두 사람을 응원하게 만드는 건 만국의 남녀노소 불문하고 이 공통의 기억 때문일 터. 다음 휴가 때는 오래 같이 지내고 더 많은 사랑을 나누길 바라는 마음을 추동하는 건 촬영감독 마크 리 핑빙의 유려하고 아름다운 미장센이다. 허우 샤오시엔의 대표작 대부분을 함께 한 리 핑빙의 카메라가 〈쓰리 타임즈〉에서 선택한 건 스치듯 한 번의 머뭇거림 뒤에 오는 손등의 떨림과 수줍게 깍지를 낀 두 사람의 손을 클로즈업으로 보여주는 쇼트다. 말보다 표정보다 손의 미동이면 족하다.

　　허우 샤오시엔의 〈쓰리 타임즈〉는 당초 세 명의 감독이 각각 맡아 진행하기로 했다. 1편은 허우 샤오시엔이 2편은 후앙 웬잉, 3편은 펑 웬칭이었다. 자신이 지닌 최고의 추억에 해당하는 에피소드를 가지고 만들기로 한 이 옴니버스 프로젝트는 결국 무산됐다. 2004년 12월 당시 허우 샤오시엔은 정치활동 중이었고, 입원위원 선거가 끝나야 본격적으로 구상이 가능했기 때문이다. 문제는 또 있었다. 주연배우 서기의 일정이었다. 서기는 〈밀레니엄 맘보〉를 촬영한 지 오래되지 않은 데다 많이 지쳐 있었다.

　　허우 샤오시엔은 정치인이 이해관계에 따라 역사를 해석하고 이용하는 것에 반대해온 사람이다. 때문에 한 시대의 최고의 순간을 이야기하기 위해 역사를 넣지 않아도 된다고 믿었다. 한 시대의 본질을 설명하는 데 짤막한 이야기도 충분하다고 여겼다. 그가 〈쓰리 타임즈〉를 구성한 방식이다.

1966년이 배경인 '연애몽'은 허우 샤오시엔 자신의 군인 시절 이야기다. 1966년은 중국에서 문화대혁명이 일어났고 대만이 본토로부터 철저하게 고립된 시기다. 당시엔 면허증이 없어도 당구장을 열 수 있어 동네 곳곳에 당구장이 많았다. 한편 일자리가 부족해 나이 어린 여성들은 당구장에 취업하거나 방황하기 일쑤였다. 일명 '당구장 소녀'가 등장한 시기다. 당시 허우 샤오시엔은 군인이었고 당구장의 한 소녀에게 편지를 건넸으나 반응이 없었다. 다른 소녀에게 편지를 썼고 그녀로부터 답장이 오면서 편지로 소통하기 시작한다. 휴가를 나와 이곳저곳 찾아다니다가 그녀를 만난 건 귀대 시간이 임박해서였다. 훗날 대학에 가서도 몇 차례 편지를 주고받았으나 마지막 답장은 그녀의 약혼자로부터 날아왔다. 관계의 종말이다. '연애몽'에서 하루코와 슈메이의 삽화는 그렇게 만들어졌다.

연애몽 편을 여는 노래 〈Smoke Gets In Your Eyes〉와 〈Rain and Tears〉는 60년대 당시 미국과 친밀한 대만의 사정을 고려한 선택이다. 대만에 미군이 많이 있었음에도 불구하고 시민들은 고립된 정세를 전혀 몰랐다. 로케이션은 가오슝에서 6일 동안 진행되었는데, 허우 샤오시엔이 공대 입학을 위해 6개월간 거주한 치호우 일대를 배경으로 한다.

감독은 그 시절을 '거리감 있는 시대'라고 표현한다. 지금처럼 기차로 3시간, 비행기로 1시간 만에 가는 게 아니라 꽤 긴 시간이 소요되는 심리적·물리적으로 거리를 느낄 수 있던 시대. 허우 샤오시엔의 DVD 세트에 실린 그의 친구의 글을 빌리자면, 1966년은 허우 샤오시엔의 최고의 순간일 뿐 아니라 대만에 있어서도 최고의 순간이다. 다시 오지 않을 시절이기 때문에.

1911년이 배경인 '자유몽'은 대륙혁명에 동참하고자 떠나고 싶어 하는 남자와 그 남자를 사모하는 기녀의 이야기다. 열 살 무렵 기방에 팔려와 결혼을 하고 싶었으나 동생의 혼인으로 좌절한 기녀. 그녀가 사랑하는 사람은 개혁 지식인이다. 일본의 지배를 받던 시절 그녀가 자유를 얻을 방법은 결혼뿐이다. 하지만 이룰 수 없는 사랑을 하는 그녀의 감정이 자유에의 꿈을 대변하는 에피소드다. '자유몽'은 허우 샤오시엔의 〈해상화〉와 시대적 배경이 같다. 로케이션은 단수이 강가의 다다오청에서 진행되었다. 다다오청은 차(茶)를 사고파는 상인이 몰려 융성했던 곳으로, 80년이 다 된 집을 찾아내 그곳에서 12일간 촬영했다. 자유몽에서 감독은 대사를 최소화하고 몸짓과 표현으로 분위기를 분명히 하려고 마음먹었다. 배우들이 1911년 당시의 옛말을 배울 시간이 부족했기 때문이다. 그러나 현실은 대사를 넣을 수밖에 없다는 걸 확인시켜줄 뿐이었다. 영화음악에도 다양한 소리를 입혔으나 마음에 들지 않던 차에 지인인 피아니스트가 연주한 피아노곡을 듣고 바로 선택하게 된다. 그 곡은 영화에 최적이었고 시대적 분위기와도 잘 맞아떨어졌다.

2005년이 배경인 '청춘몽'은 촬영하는 데 34일(비교적 긴 시간)이 소요되었다. 허우 샤오시엔은 엄격함을 추구하며 90분 분량을 덜어내어 34분으로 편집한다. 현시대를 다룬 건 대만의 정치 상황 때문이었다(정치에 관해 이야기하려는 건 아니다). 2004년 대만 선거에서 독립주의자 당이 승리하자 대만 사회는 분열되었다. 허우 샤오시엔은 시대의 긴장감이 어떻게든 개인 감정에 반영된다고 믿었다.

청춘몽의 주인공은 사진을 전공하고 자신을 찍기 좋아하는 20대 여성이다. 그녀는 미숙아로 태어나 골절을 입었고 심장질환이 있으며, 현재는 한쪽 시력을 거의 잃어가는 동시에 간질을 일으켜 약을 먹는 상황이다. 인터넷에 일상을 올리며 자신을 드러내는 일에 몰두한다. 남자친구와 여자친구를 모두 가진 양성애자이기도 하다.

허우 샤오시엔은 타이베이가 다양성을 가진 도시라는 점에 주목한다. 타이베이는 구역마다 각기 다른 모습을 지닌다. 특히 변두리의 색깔은 독특하다. 그런데도 구성원들은 자기 색깔을 드러내는 데 인색하다. 마치 중국인들의 변화 없는 모습과 같다. 감독은 단수이강을 가로지르는 다리(무척 침울하고 어두워 보이는) 하나를 발견했고 그 정서를 에피소드에 불어넣었다.

〈쓰리 타임즈〉의 여주인공은 일찌감치 서기로 낙점되었다. 서기는 허우 샤오시엔을 만나 생애 최초로 자기 연기를 할 수 있었다. 〈밀레니엄 맘보〉로 칸에 갔을 당시, 서기는 호텔 방에만 들어가면 펑펑 울었다. 자기의 모습을 처음으로 사람들에게 제대로 보여주고, 자신의 연기 방식에 대해 깊이 고민하기 시작한 순간이다. 서기와 호흡을 맞출 적임자를 찾느라 애를 먹었지만 장첸이라는 배우를 떠올렸다. 에드워드 양과 왕가위와 작업한 배우여서 안심할 수 있었다.

허우 샤오시엔은 배우의 연기를 파악하기 위해 많은 시간을 할애한다. 먼저 배우를 관찰하고 영화에 대해 어떻게 설명할지 생각한 후 직접 만나 대화를 통해 이해한 다음 캐스팅한다. 그는 쇼트와 쇼트를 이어 붙이는 촬영보다 배우가 자유롭게 대사하고 움직이는 것을 선호한다(그의 영화에 롱테이크가 많은 것과 무관치 않다). 배우가 대사를 엄격히 지키지 않아도 된다고 생각하는 편이다.

〈쓰리 타임즈〉의 중국어 표기인 '最好的時光'은 각 시대가 지닌 고유한 특색, 즉 시대마다 고유의 분위기를 보여준다. 중국 작가 장 아이링은 "사람은 다른 사람의 시선을 통해 존재한다"고 말했다. 시대마다 빠져나올 수 없는 특수한 상황이 있고 어떤 식으로든 개인의 심리를 지배하기 마련이다. 시간의 흐름에 따라 심리가 변하는 것은 이 때문이다. 누구에게나 최고의 순간이 있다. 그러나 이 최고의 순간이 그 자체로 최고는 아니다. 되돌릴 수 없고 다시 시작할 수 없기에 최고라고 하는 것이다. 시대와 기억을 가장 잘 보여주기로 허우 샤오시엔만 한 감독도 드물다.

〈하나 그리고 둘〉 2000
반쪽의 진실을 넘보는 삶의 파노라마

경주의 막창집에서 건너편에 앉은 젊은 여자의 늘씬한 다리를 힐끔 훔쳐보던 경수가 그녀의 남자친구로부터 욕지기를 듣고 딴청을 피우던 〈생활의 발견〉의 한 장면이나, 어머니의 장례식을 끝낸 후 여자친구와 해수욕을 하고 희극 한 편 보고는 질펀한 섹스를 하던 소설 속 이야기거나, 〈복수는 나의 것〉에서 류가 누나의 몸을 씻겨주며 불온한 욕망을 상상하거나. 생경하지만 분명히 이 세상 어딘가에서 벌어지고 있거나 아니면 바로 우리 내면에서 이글이글 끓어오르는 무언의 소리들. 그래서 더 아프고 불편한 것이라 해도 굳이 영화가 이것들에서 자유롭지 못할 하등의 이유는 없다. 지독하게 현실적이고 삶과 맞닿아 있는 영화를 만날 때 사람들이 불편한 심기를 토로하는 것도 꿈꾸기를 포기하고 싶지 않은 희망 때문이고, 영화가 그것에 대한 믿음을 배신하지 않으리라는 소망 때문이다. 그러나 더러는 꿈을 깨고 현실을 바로 보라고 들이미는 영화도 존재한다. 우리는 그것에 '진정성'이라는 단어를 붙이는데, 에드워드 양 감독의 영화 〈하나 그리고 둘〉이 그러하다.

삶의 파편을 차곡차곡 쌓아가며 그것이 남들과 다를 게 없는 인생이라 말하는, 에드워드 양의 〈하나 그리고 둘〉. 일부 평론가들은 인간 성찰에 관한 영화적 시각으로 안드레이 타르코프스키와 에드워드 양을 동일선상에 올려놓기도 하지만, 두 감독은 삶에 대한 사유와 종교적 관념 자체에 차이를 보인다. 때론 위태롭고 매끄럽지 못한 연출을 드러냄에도 불구하고 영화 전반을 지배하고 지탱하는 힘은 리얼리티다. 즉 차마 인정하기는 싫지만 분명 우리네 삶의 부유하는 욕망과 부조리의 찌꺼기들이다. 요컨대 〈하나 그리고 둘〉은 삶 속에서 벌어지는 배신과 실망에 대한 주석이자 위로이며, 더없이 뛰어난 한편의 인생극장이다.

삼촌 결혼식에 다녀온 후 갑작스레 쓰러진 할머니와 대화하기에 가족들은 너무 바쁘고 복잡하다. 게다가 손자 양양은 "할머니는 다 아시잖아요"라며 끝내 말하기를 거부한다. 시종일관 영화의 시선을 주도하는 양양은 호기심 많은 장난꾸러기다. 어른들의 시각에선 말썽꾸러기에 도무지 종잡을 수 없는 아이다. 카메라로 모기를 찍어대며 모기가 있음을 엄마에게 확인시키려는 아이. 양양과 아버지의 대화를 잠시 살펴보자.

"사람을 그렇게 보는 건 실례야."

"우울해 보여서요, 뒤에선 안 보이거든요. 아빠가 보는 걸 난 못 보고, 난 보는데 아빠 못 봐요. 둘 다 보려면 어떻게 해야 하죠?"

"미처 생각을 안 해봤지만… 그럼 카메라가 있는데, 찍어볼래?"

"왜 우린 뭐든 반밖에 모르죠?"

"무슨 소리니?"

"앞만 보고 뒤를 못 보니까 반밖에 모르잖아요."

감독은 양양의 순수한 시선을 통해 우리네 삶이 얼마나 부조리하고 무모한 것에 집착하며 추악함으로 가득한지 보여준다. 사람들의 뒷모습만 찍는 양양은 그래서 감독의 대리자이자 영화의 해설자이기도 하다. 얼핏 영화 속 등장인물들이 복잡한 상황으로 얽혀있는 듯 보여도 정작 교차지점에서 만나는 것은 누구나 가지고 있는 욕망과 이기심이다. 마치 카드의 뒷면만 보고 보여주며 살아가는 우리들의 모습이 영화 속 캐릭터로 재현되고 있음을 알아차릴 때, 아프지만 공감할 수밖에 없다.

다양한 캐릭터가 삶 속에 투영된 〈하나 그리고 둘〉은 혼돈과 질서를 반복하며 한 가지 진실을 향해 다가간다. 그것은 정교하게 짜인 서브플롯과 타인의 사생활을 상호 엿보게 만드는 카메라에 의해 완성된다. 영화는 유독 밖에서 안을 향해 찍은 신을 많이 담았다. 유리창 너머에서 타인의 방 안을 관찰하고, 사무실 밖에서 안에 있는 인물을 조망한다. 이런 장면들은 참으로 낯선 거리감을 느끼게 하지만, 그럼에도 현대인의 심리상태를 상징하는 데 더없이 적합한 미장센이다. 고독하고 외로운 타인의 모습을 거듭 바라보게 만듦으로써 낯선 것에 익숙해지고 결국 그것이 자신의 모습임을 깨닫도록 만드는 뛰어난 장치다. 이미 로버트 알트만이 〈숏 컷〉에서 과다 사용한 이 기법은 〈하나 그리고 둘〉에선 주변부의 서정성을 더하면서 현실과의 괴리를 한층 좁히는 데 동원된다.

치밀한 계산을 바탕으로 만들어진 소박하지만 현실에 깊숙이 파고든 장면들은 대만의 현재를 바라보는 에드워드 양의 시각과도 일치한다. 즉 영화는 시점이 모호한 대만의 현재를 보여주고, 그것은 어느 시대에 대입해도 크게 벗어나지 않는 보편적 도시의 중산층 풍경이다. 게다가 서정적이며 평범한 일상을 찍어대는 방식은 에드워드 양의 전작들에서 익히 보아온 솜씨. 이를테면 〈고령가소년 살인사건〉의 오프닝을 장식한 숲길은 이 영화에도 여전히 푸르른 모습으로 등장한다. 또 아파트에서 내려다본 거리의 풍경, 고가차도 아래에서 마주한 연인의 모습, 차고에서 나오는 자동차 안을 들여다보는 장면 역시 반복 변주되고 있다. 말하자면 평온한 일상 풍경을 먼저 보여준 다음 일상 속에 숨겨진 이면을 제시함으로써 등장인물의 도덕적 문제에 대해 질문하는 식이다.

이러한 연출기법이 두드러진 장면. NJ가 오타 사의 일본인을 접대하는 밤, 일본인은 바에서 피아노를 치며 흥겨운 노래를 부른다. 그러다 갑자기 베토벤의 〈월광 소나타〉를 연주한다. 베토벤이 눈먼 소녀를 위해 만든 그 곡이 흐를 때 NJ는 사무실로 돌아와 첫사랑 셰리에게 전화를 거는 장면으로 전환된다. 불빛 찬란한 도시의 밤, 사람들의 감춰진 욕망이 한 겹 한 겹 허물을 벗는 순간이다. 그렇다고 그것이 끈적끈적한 점액질 욕망의 분출은 아니다. 자신도 모르게 숨어있던 욕망이 때에 맞춰 수면 위로 부상하는 것뿐이다. 때문에 카메라는 늘씬한 각선미에 집착하거나 전화기를 잡은 손의 떨림을 보여주는 식으로 욕정의 꿈틀댐을 얘기하기보다 근거리에서 상대와 주변인을 관조할 따름이다. 이는 타자를 바라보는 인물을 관객이 보게 만드는 이중시점을 통해 완성된다. 특히 NJ와 첫사랑 셰리가 만난 도쿄 호텔 방의 상황과, 같은 시각 대만의 팅팅과 패티가 산책하는 모습을 교차편집으로 보여주는 신은 빼어난 미장센이다.

〈하나 그리고 둘〉에서 비가 내리는 장면도 같은 방식이다. 그러니까 양양이 학교 시청각실에서 기후 관련 영상을 볼 때, 스크린에서 먹구름이 이동하고 천둥이 치는 순간 화면은 팅팅 손에 우산이 들려있고 비가 쏟아지는 장면으로 넘어간다. 영화에서 유일하게 비가 오는 장면인데, 이후 벌어질 일들에 대한 암시다. 즉 팅팅은 (여자친구 리리의 변심으로 괴로워하는) 패티에게 마음이 흔들리고, 리리는 엄마와 영어 선생님의 애정행각을 목격하며, NJ의 처남은 돈을 빌리러 왔다가 전처 윤윤과 부적절한 관계를 지속한다(결국 자살미수 해프닝으로 이어진다).

〈고령가소년 살인사건〉에서 보여주었듯 에드워드 양은 대만과 타이베이라는 지역성과 기후를 특별하게 여기지 않는다. 에드워드 양이 주목하는 건 역사와 사람이다. 역사와 시대가 삶과 일상에 영향을 미치는 것에 포커스를 맞춰왔다. 때

대만과 타이베이라는
지역성과 기후를
특별하게 여기지 않는다.
에드워드 양이 주목하는 건
역사와 사람이다.

문에 그의 영화에는 비 내리는 장면이 최소화되어 있다. 필요할 때 꼭 한 번이면 족하다는 식이다. 〈고령가소년 살인사건〉에서도 비 오는 장면은 한 번뿐이다. 소공원과 두목 허니의 죽음을 복수하기 위해 217파를 습격하던 밤, 장대비가 내린다. 217파 대장 산동의 죽음으로 끝나는 비 오는 밤의 시퀀스 이후 한동안 평화가 이어진다. 그러나 클라이맥스를 위해 잠시 동안일 뿐이다.

이러한 장치들은 로버트 알트만이 〈숏 컷〉에서 사용한 내러티브 네트워크와 상당히 유사하다. 이를테면 한 인물이 움직이면 카메라는 그의 행동을 주시하고 줄곧 따라다니는데, 여기서 그는 '지금 여기에' 존재하는 현실이며 그의 주변 인물은 어김없이 '다음 미래에' 잠재적 관계를 암시하는 역할로 재등장한다. 이렇게 하나에서 시작되어 둘로 결합되는 관계, 그것은 사람을 만나거나 전화를 걸거나 타인을 욕망하거나 하는 형태로 영화 속에 나타나고 있다. 하지만 하나이거나 둘이라는 것이 크게 중요한 건 아니다.

부연하자면, 영화 제목인 〈하나 그리고 둘〉의 하나는 숫자를 의미하지 않는다. 영화의 오프닝 크레딧을 장식하는 영화 제목을 표기하는 문자는 '二(둘)'이다. 그것이 하나(一)와 또 다른 하나(一)의 결합 형태라는 점을 감안할 때, 하나와 하나가 모여 둘이 되지만 하나나 둘이 큰 의미를 갖지 않는다는 것이기도 하다. 결국 둘을 만들기 위해 각자가 노력한다 해도, 결국 합

일을 이루는 것조차도 특별한 것이 아님을 알려준다. 즉, 하나이면서 곧 둘이고 또한 여럿인 것이다. 그러나 사람들은 그것을 인지하지 못한 채 다른 하나를 찾아 정처 없이 헤매고 있으며, 설사 나머지 반쪽의 진실을 찾지 못하거나 찾았다 해도 인식하지 못하는 경우가 허다하다. 그러하기에 영화 속 하나와 둘은 동격이고 짝패이며 일자(一者)일 수밖에 없다. 중국어 제목으로 〈Yi Yi〉를 쓴 것도 그런 이유다. Yi는 '하나'라는 뜻이다.

누구나 자신의 일상을 남에게 보여주고 싶어 하지 않는다. 사생활이라는 이유로, 부끄럽다는 이유로, 부도덕하다는 이유로. 그러나 그것이 자신에게만 국한되는 일이 아니며 세상 어디에서나 동시다발적으로 발생하고 있다는 것은 분명하다. 누군가에게 들키지 않고 누군가에게 말하고 싶지 않은 것들, 그럼에도 그 조각과 파편이 들러붙어 하나의 형상을 이루고 삶을 만들면서 한 사람의 인생을 기록한다. 양양과 그의 가족과 주변인의 삶도 그렇게 흘러가고 있다. 그것이 이 영화의 미덕이다.

카드의 뒷면 같은 삶을 살던 가족들은 할머니의 죽음 앞에서 드디어 자신의 속내를 드러낸다. 영화의 하이라이트는 양양이 할머니 장례식에서 편지를 낭독하는 마지막 장면이다.

"할머니! 난 모르는 게 너무 많아요. 커서 뭘 하고 싶은 줄 아세요? 남이 모르는 일을 알려주고, 못 보는 것을 보여주고 싶어요. 그럼 날마다 재밌을 거예요."

가장 감동적이고 울컥할 만한 장면조차 에드워드 양은 잔인할 정도의 무미건조함으로 일관한다. 영화 전체가 건조함으로 가득하지만 엔딩신에서 보여준 양양의 낭독은 팽팽히 당겨진 화장지 위에 물 한 방울을 떨어뜨리는 것과 같은 효과를 만들어낸다. 감독은 물이 스며들며 시간을 가지고 종이를 적시기보다 한순간 뚫고 지나간 파장에 대해 생각하도록 만드는 극적 효과를 선택했다.

결혼식으로 시작되고 장례식으로 마무리되는 〈하나 그리고 둘〉은 그 과정을 통해 인생과 관계에 대해 다시금 곱씹게 만든다. 아이의 탄생이라는 가장 행복한 시점에 어처구니없게 자살 소동으로 오인받던 양양의 삼촌은 어쩌면 행복의 절정에서 불현듯 엄습해온 공포와 불안감을 느꼈을 것이다. 이 또한 형식과 표현의 차이는 있을지라도 인간 내면에 잠재하는 말 못할 소외와 고독의 탈출구라는 점에서 여느 사람들과 크게 다르지 않다. 결국 그것을 이겨내는 힘은 하나가 아닌 여럿이다. 그것이 가족이고 순수함으로 표현되는 가족애라는 에드워드 양의 힘찬 선언!

누구나 예전으로 돌아가고 싶어 한다. 아무것도 모르던 천진난만한 시절, 모든 것이 단순하고 명백해 보이던 그때로 말이다. 세상을 살면서 이제껏 얻은 것이 있다면 단지 세상은 만만치 않으며, 내가 할 수 있는 일은 별로 없다는 것뿐일지도 모른다. 삶에서 건져 올릴 수 있는 것이란 그다지 많지 않다는 사실. 그것은 반쪽만을 본 무지의 소치일 수 있다. 나머지 반쪽의 진실을 찾는 것은 각자의 몫이다. 에드워드 양은 양양의 눈을 통해 나머지 반쪽의 진실이 존재한다는 사실을 일깨운다. 영화는 유리창 너머로 그 반쪽 진실(이 있다는 믿음)을 어렴풋이 제시했을 뿐이다. 그럼으로써 나머지 반쪽을 찾아 나서게 만드는 것이다. 그래서 〈하나 그리고 둘〉은 삶에 대한 위로이자 해설이며 아프지만 생생한 주석이다. '자, 봐라, 네 추악함이 어느 정도인지.'

할머니의 장례식장 신에서 들려오는 양양의 독백은 어딘지 모를 씁쓸함과 공허함을 남기지만, '인생이란 넘기는 싫지만 넘을 수밖에 없는 선을 향해 달려가는 것일 뿐'이라고 말한다. 그런 관계가 가져오는 추악함과 건조함 속에서 에드워드 양은 삶의 미학을 건져 올렸다. 그리하여 너무나 아름답지만, 너무나 소박한 우리 시대의 진정한 삶의 파노라마가 탄생했다. 〈하나 그리고 둘〉.

● 서구영화

〈**블레이드 러너**〉 1982

빗속의 눈물처럼 사라지는 자를 위한 송가

20세기 초, 과학은 모든 인류의 가슴에 뜬 신기루였다. 지난 세월 동안 이루지 못한 것들을 단숨에 해결할 수 있으리라 믿었던 장밋빛 꿈은 산산조각 난 지 오래다. 믿음이 허상에 지나지 않는다는 사실에 실망하고 표류하던 인간은 새로운 과학의 패러다임을 찾아 나선다.

유사 이래 신을 꿈꾼 인간이 있었다. 신과 같은 자리에 앉으려는 위험한 욕망. 그 욕망에 사로잡힌 이들이 부른 비극을 역사는 증언한다. 창조주가 되겠다는 꿈은 미완으로 끝났다. 인류가 일찌감치 폐기한 꿈을 영화는 포기하지 않는다. 꿈꿀 자유를 허락하는 것, 영화의 본령이다. 대신 신이 아닌 신성을 꿈꾸기 시작한다. 영생불멸은 신도 허락할 터였다. 과정의 선함과 윤리적 고민이 선행된다면.

영화가 상정한 인간복제기술, 즉 식민지 개척용 레플리컨트와 장기이식용 클론을 제조하는 과정은 유전공학과 사이보그공학을 동시에 요구한다. 완벽한 복제인간이란 기억과 추억을 모두 공유할 수 있어야 한다. 모양만 같은 쌍둥이 인간을 의미하는 것이 아니다. "기억과 지각이 없는 복제인간의 장기는 부작용이 발생한다"라던 〈아일랜드〉 속 메릭 박사에 의하면, 조작된 기억을 주입하기 때문에 레플리컨트와 클론은 완전함과는 거리가 멀다. 복제인간을 만드는 목적은 생명 연장과 불멸이고 나아가 신성 추구다. 복제인간의 관건은 인간의 감정과 기억이다. 곧 '인간성(性)'이다. 인간과 같되 인간을 넘어서면 안 된다.

SF영화는 당대의 역사와 사회를 과학기술의 진보로 반영한다. 상상적 시공간과 미래 세계와 외계는 표면적으로 탈현실적이거나 초역사화된 것처럼 보이지만 당대 사회의 은유라는 점에서 역사의 우화적 텍스트다. 이는 민감한 현실 문제를 장르 공식 안에서 다루려는 감독의 전략일 수 있고, SF문학의 문명 비판적 시각이 영화에 영향을 준 결과일 수도 있다. 〈다크 시티〉와 〈아이 로봇〉의 감독 알렉스 프로야스는 "비현실적인 이미지와 사건을 나열하는 것이 SF의 황당한 상상력을 변호하는 이유가 될 수 없다. 사람들의 시각을 바꿔줄 리얼리티가 존재해야 한다"고 일침을 가했다.

　1982년 6월 25일 북미 1,290개 극장에서 개봉되어 첫 주 650만 달러 성적을 냈으나 평단과 언론의 비판으로 흥행에 실패한 영화 리들리 스콧의 〈블레이드 러너〉. 로저 에버트는 "이 영화의 취약점은… 특수효과 기술에 가려 이야기가 빛을 잃은 것이다"라고 했고, 〈뉴요커〉의 영화평론가 폴린 카엘조차 "누군가 휴머노이드를 찾아내는 장치를 가지고 나타난다면 리들리 스콧과 그의 일행들은 잠적해야 할 것이다"라고 일격을 가했다. 미국인들의 반응은 당혹감 그 자체였다. 70년대의 암울한 기억을 버리고 풍요롭고 강한 미국을 기대한 이들에게 〈블레이드 러너〉가 제시한 미래는 디스토피아였다. 음울하고 습한 도시와 초점 잃은 사람들. 심지어 극장가에서는 2주 앞서 개봉한 〈이티〉가 유토피아적 신기루를 촘촘히 심어놓고 있었다.

　개봉 당시 혹평과 비판에도 불구하고 끝내 살아남아 컬트가 된 저주받은 걸작(아무리 엄격하고 깐깐하게 적용한다 해도 역시 살아남을)의 대표주자. 그러나 시간이 흐를수록 많은 이들의 찬사와 경의를 담은 비평과 수십 편의 논문으로 수혜를 입어 개별 작품 자체로 문화가 된 〈블레이드 러너〉. 영화를 좀 본다는 사람치고 이 영화에 관해 말하기를 멈춘 적이 없는, 40년이 된 현재도 계속 담론이 이어지는 희귀한 사례를 어떻게 설명해야 좋을까. 리들리 스콧이 창조한 2019년의 암울한 미래가 매혹적으로 다가온 이유는 무엇일까. 안드로이드들이 자기의 정체성에 혼란을 느끼고 인간에게 저항하다 자신들이 인공 존재에 불과하다는 사실에 실존 앞에서 좌절하고 무력해하는 슬픈 이 야기에서, 리들리 스콧은 '로봇의 정체성 혼란은 곧 인간의 정 체성 혼란'을 야기한다는 사실을 발견했다.

극 중 복제인간 레플리컨트는 식민지 개척용으로 제조 되었으나 그중 일부가 근무지를 이탈한다. 4년이라는 짧은 수 명에 불만을 품고 생명 연장을 요청하기 위해서다. 인간의 삶 을 살기 위해 몸부림치는 복제인간들. 그들을 찾아 처형(폐기) 하는 형사를 '블레이드 러너'라 부른다. 주인공 데커드는 유니 콘 꿈을 꾼다. 그를 밀착 감시하는 형사 가프는 언제나 종이를 접는다. 처음에는 인간 형상을 접고, 새를 접다가 유니콘을 접는 다. 가프의 종이 접는 행위는 데커드의 꿈을 그가 알고 있다는 암시다.

광기 가득한 디스토피아를 그리며 SF세계의 창조자 가 된 필립 K.딕이 《안드로이드는 전기 양을 꿈꾸는가》를 집필 한 건 1968년이다. 자신의 소설이 영화로 만들어질 당시, 그는 뇌졸중으로 쓰러졌고 결국 1982년 3월 2일 영화의 완성을 보지 못한 채 심장마비로 세상을 떠났다. 사후에 원작 소설이 〈토탈 리콜〉, 〈페이첵〉, 〈마이너리티 리포트〉, 〈임포스터〉, 〈컨트롤러〉 등의 영화로 재탄생하면서 오늘날 딕은 할리우드가 가장 사랑 하는 작가 중 한 명으로 손꼽히고 있다. 그는 초능력이나 외계 인과 같은 기존의 SF 소재와는 차별된, 인간이 겪는 정체성의 혼란과 불안함을 그리며 끊임없이 인간성의 본질을 추구했다. 우울과 망상에 시달리며 약물 남용으로 환각 세계를 넘나들었던 필립 K.딕은 인간조차 가상 세계에 갇힌 존재라고 말한다.

프로덕션 디자인은 포드자동차 출신 디자이너 시드 미드가 맡았다. 그의 손에서 탄생한 미래는 가상공간을 그려내는 데 전범이 되었다. 어수선한 홍콩 밤거리와 같은 지상, 여러 문명의 건축물이 뒤섞인 상층부, 미래형 교통수단 등 시공을 무시한 잡다한 이미지들의 총합. 그가 그린 2019년은 비현실적이며 동시에 현실도 느낄 수 있는 음습한 공간이다.

영화 속 어디에나 비와 스모그가 존재한다. 그런데 비를 촬영하는 것은 특수효과 스태프에게 곤혹스러운 문제였다. 영화에 등장하는 도시는 대부분 미니어처로 제작되었고, 이 작은 건물과 내리는 비를 어울리게 만드는 건 간단한 일이 아니었기 때문이다. 결국 비가 내리는 장면을 삽입하는 이중노출 기법은 포기했다. 특수효과팀은 비를 자연스럽게 보이게 하는 유일한 방법은 역광뿐이라는 결론에 도달한다. 어두우면 비가 잘 보이지 않기 때문이다. 영화에 비가 내리는 모든 장면을 위해 비의 장막들과 빗방울들을 별도로 촬영했다. 워너브라더스의 야외 스튜디오 앞 건물 12미터 높이에서 강우기로 비를 퍼부었다. 또 특수효과를 맡은 EEG(Entertainment Effects Group) 주차장에서 촬영했다. 미립자 흑백 필름을 사용해 역광 빛에 어울리는 색을 빗줄기에 입혔다. 그러니까 한 신에 들어가는 모든 요소를 합성해 흑백 사진을 만든 후 역광으로 촬영한 비 내리는 장면과 다시 합성한 다음 광학 카메라를 통해 노출시키는 방식을 사용했다.

리들리 스콧은 영화 촬영지로 보스턴, 애틀랜타, 뉴욕 심지어 런던까지 생각했다. 그러나 세트를 만들면서 대도시에서 완벽한 통제를 기대할 순 없었다. 그래서 선택한 것이 워너 브라더스사의 야외세트장이다. 세트장이 언제나 세트장처럼 보이는 문제를 해결하기 위해 거의 모든 촬영은 밤에 이루어졌다. 영화에서 항상 비가 내리는 이유이기도 하다. 그러니까 계속 내리는 비와 밤이라는 배경을 선택한 가장 큰 이유는 세트를 둘러싼 주위 환경을 숨기기 위한 것이었다.

〈블레이드 러너〉의 백미. 로이와 데커드가 최후의 일전을 벌이는 장면에 대해선 아직도 설왕설래가 이어지고 있다. 리들리 스콧은 "로이가 인간보다 더 인간적이라는 걸 보여준 것"이라며 만약 입장이 바뀌었다면 데커드는 눈 하나 깜짝하지 않고 로이의 머리를 날려버렸을 거라고 말했다. 한편 로이 역의 룻거 하우어는 "로이는 빠르게 반응하는 존재로, 그게 넥서스-6의 특징이다. 로이는 자신이 왜 데커드를 구해주는지, 왜 비둘기를 손에 쥐고 있는지 알지 못한다. 그냥 그렇게 행동할 뿐이다"라고 말한다. 반면 각본가 햄튼 팬처는 다른 이야기를 남겼다. "나는 로이가 사람을 죽이고 다니지만, 삶에 매료된 캐릭터라고 생각한다. 그리고 여기, 로이의 삶의 마지막 순간에

보잘것없는 인간 데커드가 죽음 면전에서 침을 뱉는다. 로이는 그런 마지막 순간에 드러나는 저항의 몸짓과 삶에 대한 긍정을 높이 샀다. 그래서 데커드를 구해준 것이다."

이 시퀀스 촬영은 본 촬영 마지막 날 밤에 이루어졌다. 워너브라더스사 야외세트장에 세워진 약 6.7미터 높이의 '움직이는 옥상'에서 2주 동안 촬영했다. 옥상에서 추락하는 데커드를 로이가 붙잡는 장면에서 강우기가 고장 났다. 해리슨 포드는 옥상 장면 대부분을 스턴트 없이 본인이 소화했다. 옥상 위에 작은 풍차는 전기를 만들기 위한 풍력발전기였다. 이 소품을 통해 리들리 스콧은 한 문명이 어떻게 스스로 무너지는지 사소한 디테일로 보여주었다.

그리고 〈블레이드 러너〉를 기억하게 만든 가장 유명한 장면. 데커드를 구한 로이가 무릎을 꿇고 빗속에서 삶을 마감하는 쇼트. 룻거 하우어의 독백이 끝나자 촬영장에 있던 모든 사람들이 눈물을 흘렸다. 〈블레이드 러너〉라는 걸작을 만들면서 겪은 긴장과 노고가 모두 합쳐진 화학작용이었다.

"난 너희 인간들이 상상조차 못 할 것들을 봐왔어. 오리온자리 어깨 너머로 불에 휩싸인 공격함. 탄호이저 게이트 부근에서 어둠 속에 번쩍이는 C광선들. 그 모든… 순간들은 곧… 사라지겠지. 빗속에 흐르는… 눈물처럼. 이제… 죽을 시간이야."

생명복제 시대에 인류가 맞닥뜨린 난관은 '과학이 인간의 수명을 영속시킨다 해도 또 다른 생명의 희생을 담보 삼아선 안 된다'는 윤리적 고민이다. 〈아일랜드〉에서 복제인간을 만들고 부자들에게 장기기증용 클론을 제공하는 메릭 박사는 창조주를 꿈꾼다. 〈블레이드 러너〉의 타이렐 이미지와 중첩된 그는 아일랜드라는 허구의 장소를 만들어 복제인간의 생활과 심리를 지배한다. 수명 연장과 생명 창조는 신의 영역일진대 메릭은 자신이 만든 클론을 통해 신을 대리한다는 환상에 빠진다. 오류의 시작이다. 최소한 타이렐은 자신의 분신에 대해 애정과 연민을 보여준다.

21세기 인류는 행복, 불멸, 신성을 추구할 것이다. 그러나 이 모든 것보다 앞서야 하는 건 전쟁과 분쟁을 막아야 하고, 불평등의 대가로 치러지는 인종차별과 폭력과 숱한 비극적 죽음을 해결하기 위해 전력을 다해야 한다. 이것이 선행된 후에 비로소 인간 불멸과 신성을 논해야 맞다. 영생과 불멸을 향한 인간의 꿈은 과학이 신성에 근접한 시대를 살아가는 인류 최후의 선택점이 될 것이다.

〈그리스인 조르바〉 1964
비 내리는 피레우스에서 햇빛 쏟는 크레타까지

폭풍이 잦아들고 물고기가 올라오길 바라는 어부들의 새벽, 유리창은 뽀얗게 김이 서려 있고 밤을 보낸 양피 재킷 차림의 뱃사람이 커피를 마시며 배를 기다리던 여명. 북아프리카 시로코 바람이 들어오고 샐비어 술과 사람 냄새가 진동하는 카페 안에서 두 남자가 운명적 조우를 한다.

「항구 도시 피레에프스에서 조르바를 처음 만났다. 나는 그때 항구에서 크레타섬으로 가는 배를 기다리고 있었다. 날이 밝기 직전인데 밖에는 비가 내리고 있었다.」

니코스 카잔차키스의 《그리스인 조르바》는 이렇게 비 내리는 피레에프스 항구에서 시작한다. 1883년 2월 그리스 크레타섬 이라클리온에서 태어난 니코스 카잔차키스는 아테네대학교 법학과를 졸업했고, 스물다섯 살에 파리에서 유학하며 철학자 베르그송에 심취한다. 카잔차키스가 평생의 모델로 삼은 네 사람은 호메로스와 베르그송, 니체, 조르바다.

1964년 마이클 카코야니스가 연출한 영화 〈그리스인 조르바〉는 30대 중반 사업가인 일인칭 화자 나와 60대 중반의 자유로운 영혼 조르바가 내면의 여행을 함께하며 자신의 알을 깨고 나오는 여정을 담은 로드무비다. 영화에서 조르바 삶의 핵심은 곧 카잔차키스가 생각하는 인생의 화두다. 그러니까 '자유'를 꿈꾸는 삶. '나는 아무것도 두렵지 않다. 나는 아무것도 바라지 않는다. 나는 자유다'라고 적힌 그의 묘비명이 곧 조르바다.

큼지막한 여행용 가방을 들고 우산을 쓴 영국 신사가 대합실로 들어온다. 창밖에서 안을 살피던 초로의 사내와 신사의 눈이 마주친다. 사내는 기다리는 무언가를 찾았다는 발걸음으로 주저함 없이 사내 옆에 앉는다. 그리스인 부친을 두고 영국에서 태어난 젊은 남자와 수프, 요리, 탄광 일까지 안 해본 것 없고 안 가 본 곳 없는 남자는 즉석에서 흥정을 벌이고 함께 크레타섬으로 가기로 결정한다. 고용계약서는 없다. 럼주 한 잔이 증거가 될 뿐. 두목과 알렉시스 조르바가 처음 만나는 장면이다.

조르바는 자기 분신과도 같은 산투리를 항상 곁에 두고, 먹고 마시고 춤춘다. 일할 때는 쉬지 않고 매진하되 놀 때는 미친 듯이 노는 인물이다. 처음 만난 자리에서 일할 때는 고용인이지만 쉬고 노래할 때는 '자유'라고 강조한다. 조르바는 두려움과 충동으로부터의 해방을 꿈꾼다. 자유를 얻기 위해선 집착과 욕망으로부터 해방되어야 하기 때문이다. 자유롭다는 것은 타인을 의식하거나 눈치 보거나 체면을 차리지 않고 시선으로부터 초월함을 뜻한다. 누군가로부터 기대와 존경을 받는 이들은 종종 자신의 소망을 소명의식과 임무로 여긴다. 조르바는 충나는 아무것도 두렵지 않다.
나는 아무것도 바라지 않는다.
나는 자유다.

동에서 해방되려 애쓴다. 겉치레와 의식들, 예컨대 도자기용 물레를 돌리는데 손가락 하나가 방해가 되자 손가락을 절단해버리고, 버찌를 먹고 싶은 충동에 아버지의 돈을 훔쳐 버찌를 토할 때까지 먹고는 다신 버찌 생각이 나지 않도록 해버린다.

그럼에도 불구하고 조르바가 끝내 버리지 못하는 충동은 여성에 대한 욕망이다. 노소미추를 막론하고 조르바에게 여성은 경이와 신비와 호기심의 대상이다. 그는 어디에 가도 먹고 자는 걱정이 없다고 말한다. 어느 곳에나 과부가 있기 때문에. 그래서 여자가 같이 자기를 원하는 데 거부하는 것은 지옥에 떨어질 행동이며 신이 결코 용서치 않을 거라 말한다. 한량이고 자유로운 연애관을 가진 조르바는 오스탕스 부인을 아프로디테라 부른다. 그는 카사노바가 아니다. 그는 여성을 소유물로 생각하지 않는다. 자신의 정욕과 처세를 위해 이용하고 버리는 도구로 삼지 않는다. 누구와도 사랑하고 육체적 교감을 나누지만, 그때만큼은 진심을 다해 상대를 사랑하고 아끼는 태도. 이것이 조르바가 추구하는 삶의 방식이다. 그가 수도원의 허위와 이중성을 까발리는 것도, 남자들에겐 증오의 대상이고 여자들에겐 시기와 질투의 대상인 마을의 과부 소멜리나를 연민하는 것도 같은 맥락이다. 혼신을 다해 오늘, 여기! 여자를 사랑한 남자가 조르바다.

크레타는 그리스에서 가장 큰 섬으로 인류의 새벽을 연 미노아 문명이 태동한 서구 문명의 발상지다. 제우스와 크노

소스 궁전이 있고 이카로스와 미노타우루스와 다이달로스 신화가 살아 숨 쉬는 장소이기도 하다. 영화는 크레타의 수려한 풍경을 배경으로 섬살이의 낯선 면면을 진지하고 유머러스하게 풀어낸다. 이국적 정취를 더하는 소품들도 등장한다. 조르바 삶의 에너지와 의리를 상징하며 발랄한 분위기를 만들어내는 산투리 가락과 과부 소멜리나가 구워 보낸 멜로마카루나가 그것이다. 유럽에서 크리스마스를 기념하는 슈톨렌이 있다면 그리스에는 멜로마카루나가 이를 대신한다.

그리스의 현대사는 여러 면에서 우리와 흡사하다. 1830년 그리스는 오스만제국으로부터 독립했으나 1897년 터키-그리스 전쟁으로 크레타섬은 오스만튀르크 손에 들어간다. 1946년 《그리스인 조르바》가 출간된 해에 그리스에는 민주정부가 들어서지만, 이내 군부가 정권을 탈취한다. 1962년 민주주의의 봄이 왔으나 64년 다시 군부독재가 시작되어 1973년 붕괴할 때까지 파란만장한 역사를 썼다. 그러니까 오스만제국이 지배하는 땅에서 태어나 발칸 전쟁을 겪은 카잔차키스의 분신인 조르바가 "인간은 다 같다. 그리스인이든 터키인이든 무슨 상관"이냐고 항변하는 건 이 때문이다. 침략과 분쟁의 소용돌이 중심에서 돌고 돌아 삶의 소중함을 깨달은 자만이 던질 수 있는 말인지도 모른다.

특히 크레타섬은 끊임없는 침략과 수탈의 대상이었다. 반복된 외세의 침입과 지배는 외국인과 낯선 이를 향한 경계와 적대와 이기심을 극도로 키워놓았다. 영화에서 오르탕스 부인이 숨을 거두자 들이닥쳐(죽기를 기다리며 대기하고 있다가) 물건을 약탈하는 마을 사람들을 보며 조르바는 까마귀 떼 같다고 탄식한다.

삶의 에너지가 넘치는 조르바의 춤은 쾌락과 도전을 상징한다. 조르바에게 춤은 세 살배기 아들을 잃은 고통을 잊기 위한 지푸라기다. 책 속에서 배움을 구하던 이상주의자가 소멜리나를 욕망할 때 비로소 두목은 조르바의 춤을 흉내 낸다. 그리고 마침내 영화의 엔딩. 두목은 조르바에게 같이 춤추기를 부탁한다. 모든 것을 잃어버렸을 때 나누는 진정한 교감이란 이런 것이다. 삶의 다양한 스펙트럼을 막 이해하기 시작한 인생 초보자가 성숙한 인간으로 거듭나는 순간이다. 이 장면에서 카메라는 점차 뒤로 빠지면서 버드아이 쇼트로 올라간다. 삶의 무게와 상념을 모두 날려버린 자유인의 모습만 남는다. 두 사람을 바라보는 관객도 자유로워지길 염원하는 감독의 미장센이다.

소설 속 화자인 나는 말한다. '그는 살과 피로 싸우고 죽이고 입 맞추면서 내가 펜과 잉크로 배우려던 것들을 고스란히 살아온 것'이라고. 즉 책벌레인 두목이 고독의 의자에 앉아 풀어보려 했던 문제를 산속의 맑은 대기를 마시며 칼 한 자루를 가지고 풀어버린 인물이 조르바인 것이다.

영국 신사인 젊은 사업가와 호방하고 자유로운 영혼이 만나 엮어가는 이야기 〈그리스인 조르바〉는 빗줄기 퍼붓는 피레우스 항구에서 시작해 맑은 하늘이 펼쳐진 크레타 바닷가에서 끝난다. 자유로운 사람이란 무엇인가, 진정한 자유인(의 삶)이란 무엇인가에 대한 카잔차키스식 대답이다.

(추신)

1. 소설 《그리스인 조르바》에선 피레에프스로, 영화 〈그리스인 조르바〉에선 피레우스로 각각 다르게 번역 표기되었다. 본문에서 두 개의 표기를 모두 사용한 까닭이다.
2. 1975년 스페인에서 시작된 글로벌 SPA 브랜드 ZARA가 최초로 낸 매장의 이름은 ZORBA였다. 그러나 근처에 같은 이름의 바가 존재해 ZARA로 바꾼다.

〈비포 더 레인〉 1995
비가 내리기 전에 폭력을 멈출 수 있다면

오늘날 사람들은 폭력 속으로 가라앉고 그 속에 빠져들고 있다. 폭력은 끝없는 우물과 같다. 수많은 영화가 폭력 속으로의 추락을 전시하고, 증오의 터널 속으로 빨려 들어가는 모습을 보여준다. 그렇다면 이러한 폭력에서 벗어날 수 있는가.

폭력 속으로 추락한다는 느낌. 사람들은 개인의 폭력처럼 역사의 폭력도 무력화시킬 수 있는 역류 장치를 만들 수 없다는 것을 의미한다. 즉 벗어난다는 것은 생각할 수 없을 정도로 폭력에 사로잡혀 있다는 말이다. 때문에 폭력은 영원히 재생되는 것처럼 보인다. 우리가 폭력의 수인(囚人)이라는 생각과 폭력 없는 세상이라는 이상 사이에서 드러난 세계. 이 세계에서 폭력은 지속적으로 변형되고 재생된다. 여기에서 발생하는 폭력의 이미지 문제, 그러니까 어떤 이미지는 폭력을 보여주면서 폭력을 끔찍한 것으로 만들고 다른 이미지는 폭력을 재활용하고 변화시키고 심지어 제동을 걸려고 시도한다.

1994년 베니스 영화제 황금사자상은 밀코 만체프스키 감독의 〈비포 더 레인〉에게 돌아갔다. 말들(Words), 얼굴들(Faces), 사진들(Pictures), 세 개의 챕터로 나누어 진행되는 영화다. 보스니아 내전을 피해 고향 마케도니아로 돌아간 사진작가의 이야기를 골자로, 폭력에서 벗어나기 위해 고향으로 향하지만 다시 폭력을 만날 수밖에 없는 운명적 삶을 그린다. 각 챕터에 등장하는 신비롭고 서정적인 풍광들은 폭력으로 얼룩진 발칸의 아픔과 대조를 이루며 더욱 처연한 미장센을 완성한다.

첫 번째 에피소드 '말들'은 마케도니아의 자연을 배경으로 침묵의 서언을 한 수도사 키릴과 알바니아 반군 소녀 자미라의 이야기를 처연하게 진술한다. 종교와 현실, 열린 풍광과 폐쇄된 수도원의 대극적 이미지가 펼쳐진 첫 장에서 만체프스키는 말보다 위대한 침묵을, 그러나 침묵마저 무너뜨리는 폭력을 이야기한다. 수도사는 키릴에게 "원은 둥글지 않고, 결코 시간은 멈추지 않는다"고 말한다. 가장 안정된 형태 중 하나인 원이 둥글지 않다는 말은 세상의 불안정성에 대한 은유다. 그리고 시간이 멈추지 않는다는 것은 변화의 지속성을 의미한다. 이처럼 만체프스키는 영화의 도입부에서부터 자신의 영화가 무엇을 이야기하고자 하는가를 드러낸다.

엄격하게 말해서 첫 번째 에피소드는 세 번째 에피소드의 다음 이야기로 보일지 모른다. 왜냐하면 두 번째 에피소드인 '얼굴들'과 이어지는 세 번째 에피소드 '사진들'은 뫼비우스 띠를 이루고 있기 때문이다. 보스니아에서 사람을 죽이고 괴로워하는 사진작가 알렉산더가 고향 마케도니아로 떠나는 이유는 폭력을 피하기 위해서였다. 그러나 고향마을에서 제일 먼저 만나는 사람이 총을 든 청년이라는 점은 시사적이다. 평온했던 마을까지 전쟁과 종교 갈등과 폭력으로 인해 황폐해진 모습에서 알렉산더는 폭력의 심연으로 들어왔음을 감지한다.

폭력을 피하고자 택한 고향으로의 귀환이 또 다른 차별과 폭력의 시작이라는 것은 이미 많은 영화가 증언해왔다. 〈택시 드라이버〉에서 월남전에서 돌아온 트래비스를 기다리는 것은 안식이 아닌 사회적 폭력이었다. 〈우리 생애 최고의 해〉도 같은 맥락이다. 전쟁 영웅을 기다리는 것은 현실 세계의 냉담함과 무언의 폭력이다. 보스니아 내전 사진으로 퓰리처상을 수상한 알렉산더의 귀환은 금의환향이 아니었다.

첫 번째 에피소드에서 감독은 전쟁과 폭력은 봉쇄된

작은 수도원도, 아름다운 풍광을 지닌 평범한 산골 마을도 예외가 될 수 없다고 말한다. 만체프스키가 서사의 흐름상 맨 뒤에 놓아도 좋았을 '말들'을 첫 번째로 배치한 이유가 여기에 있다. 눈에 보이는 것, 즉 성스럽고 장엄한 이미지에 현혹되지 말라는 주문이다. 시작과 동시에 매우 아름답고 서정적이면서 종교적인 영화라는 생각을 품게 만들고는, 무참한 폭력의 나열을 통해 여지없이 기대감을 박살 내면서 현실을 목도하게 만든다. 이것이 만체프스키가 폭력을 다루는 방식이다.

달리 보면 〈비포 더 레인〉은 서로 다른 종교를 가진 두 가족이 역사와 이념 갈등을 극복하지 못한 채 비극으로 치닫는 이야기다. 그 중심에 알렉산더가 있다. 그는 고향을 떠나 런던에서 활동하지만 지구촌 곳곳을 누비는, 퓰리처상을 수상한 저명한 사진작가다. 알렉산더는 고향으로 돌아가 두 가족을 만난다. 자기 사촌과 주변인들, 그리고 한때 연인이었던 과부 하나의 가족들. 두 가족은 마케도니아 그리스 정교회와 알바니아 회교 간 갈등의 상징이다. 어쩌면 우리는 표피적 아름다움 뒤에 숨은 폭력성을 애써 외면하고 있는지도 모른다. 〈비포 더 레인〉에선 자연의 아름다움과 수도원의 침묵이 인간의 폭력성을 슬그머니 감춘다. 이를 통해 겉으로 보이는 아름다움과 종교적 이미지를 맹신하지 말라고 주문한다. 또한 순수한 기억 속의 고향으로 돌아갈 수 있다는 환상이 불러온 비극에 대해서도 빼놓지 않는다.

〈비포 더 레인〉에서 비가 내리는 장면은 단연 영화의 백미다. 침묵과 이미지와 끝 모를 폭력의 서사와 묘사, 종교화 같은 1장을 지나 인상주의의 2장을 거쳐 사실주의의 3장의 대미를 장식하는 건 알렉산더의 죽음 위로 쏟아지는 빗줄기다. 한 인간의 죽음과 다른 생명의 구원이 교차되는 비감 어린 쇼트다. 〈비포 더 레인〉의 황홀한 미장센은 이란 출신의 촬영감독 다리우스 콘지의 카메라에서 완성되었다. 그는 뛰어난 색감과 명암 대비를 이용해 질감을 살려내는 촬영으로 세계적인 명성을 얻었다.

프랑스 비평가 장 루이 코몰리는 "초기 관객들이 단조롭고 섬세함이 결핍된 영화의 이미지 속에서 극성스러울 정도로 삶 자체의 닮은꼴을 인식하고 싶어 했던 것은 채워 넣을 여지가 있는 바로 그러한 공백 때문이었다"라고 추론했는데, 과연 〈비포 더 레인〉은 결말에 이르러서도 알렉산더의 선택에 대해 입장을 표명하지 않는다. 비가 내리기 직전까지 보스니아와 런던, 마케도니아에서 벌어지는 비극과 그 비극의 방관자가 현실 참여자로 바뀌는 순간의 의미와 아픔을 아름다운 풍광과 함께 돌아볼 수 있게 만든다. 알바니아와 마케도니아인들의 행동을 옳고 그름의 문제로 재단하는 것이 아니라 폭력의 순환 고리를 제거하기 위해, 이 세계가 폭력으로부터 자유로워지기 위해 우리가 무엇을 할 수 있는가, 이 질문을 남겨놓고 있을 따름이다.

CHAPTER 3

비와 함께한 영화적 풍경들

베트남 영화와 어긋난 기억

어디에서부터 잘못된 걸까. 대체 〈그린파파야 향기〉에서 쉼 없이 비가 내렸다는 생각의 시발점은 어디였을까. 30년 가까이 나는 이 영화에서 비가 끊임없이 내렸다는 기억을 품고 있었다. 정작 영화에서 비가 오는 장면은 딱 한 번! 그것도 러닝타임 144분 중 128분이 지났을 때 세찬 비가 내릴 뿐인데 말이다. 물론 이 비는 중요하다. 그러니까 무이는 주인님을 떠나 쿠엔 도련님(쿠엔은 약혼자가 있는 몸이다) 집으로 옮겼고, 쿠엔과 약혼녀의 파멸을 암시하는 그 밤에 비가 내린다는 얘기. 세찬 비를 맞으며 창문 밖에서 안을 주시하는 약혼녀와 미동 없이 피아노를 치는 쿠엔 그리고 그 주위를 오가며 차 시중을 들고 향을 피우는 무이. 세 사람을 동시에 잡은 쇼트는 불온한 기운을 피워 올리는 한편 관계 이동을 암시하는 정념의 미장센이다.

약혼녀가 거실을 엿보다 집을 뛰쳐나가는 쇼트에 이어 우리가 만나는 건 옷을 입은 채 물을 끼얹는 무이의 목욕신이다. 그 어떤 알몸보다 관능적이고 아찔한 바로 그 목욕 장면. 그리고 무이의 방으로 들어가는 쿠엔. 그런데 나는 이 장면이 전혀 기억나지 않는다. 마치 처음 보는 장면처럼.

칸 영화제에서 황금카메라상을 받은 〈그린파파야 향기〉(1993)는 견줄 바 없이 아름다운 미장센으로 가득하다. 그린파파야를 결대로 벗겨내어 채를 만들고 반을 갈라 그 눈부신 알갱이를 손톱으로 만지는 쇼트. 물방울과 하얀 진액이 떨어지는 고무나무 잎이 보여주는 관능에 어찌 마음이 동요되지 않을 수 있을까. 쿠엔 도련님을 바라보던 호기심 많은 어린 무이의 잔망스러운 눈망울을 어찌 잊을 수 있을까. 그런데도 내가 〈그린파파야 향기〉에서 떠올린 건 오직 비가 오는 장면뿐이다(심지어 유일하게 비가 내린 밤의 풍경은 기억조차 없다). 외려 주인집에서 파파야를 자르고 채소를 볶고 음식을 만들 때도 계속 비가 내렸다는 환상이 오랫동안 나를 사로잡았다. 내게 비가 많이 내린 영화 목록을 꼽으라면 늘 첫손으로 이 영화를 꼽았을 정도니까. 완전히 왜곡된 기억이다.

기억을 거슬러, 이 영화를 본 건 1994년 늦가을 원주의 어느 재개봉관에서였다. 아주 오래된 동네 극장이었고 시설이 열악했던 기억이 난다. 만약 스크린이 낡았고 재개봉관에 온 필름 상태가 나빠 화면이 계속해서 비 오는 것처럼 보였다면?

실제 80~90년대 재개봉관이나 동시상영관에선 닳고 닳은 필름 상태로 인해 화면이 비 오는 것처럼 보이기 일쑤였다. 그렇다면 비가 잦은 베트남이라는 공간적 배경과 내가 본 재개봉관의 열악한 영사 환경과 기억의 오작동이 합쳐져 〈그린파파야 향기〉는 영화 내내 비가 오는 작품으로 뇌리에 남았을 수 있다는 추론이 가능하다.

다시 영화로 돌아가서, 쿠엔과 약혼녀의 갈등이 최고조에 이른 밤의 비 내리는 신은 인공비를 쓴 게 분명하다. 약혼녀가 문을 열고 나왔을 때 머리 위 어디쯤 있을 메인 조명 아래로 세차게 퍼붓는 빗줄기의 각도가 이를 말해준다. 비 오는 밤 장면에서 가장 중요한 건 조명이라고 거듭 이야기했듯 이 장면에서도 외면당한 약혼녀의 슬픔 위로 쏟아지는 빗줄기를 선명하게 보여주기 위해 처음엔 메인 조명을, 그녀가 창문으로 걸어가며 거실을 주시하는 장면에선 따뜻하고 밝은 실내 조명을 이용해 빗줄기의 양을 표시한다. 비를 맞으며 무너져 내리는 약혼녀와 대조되는 집안 두 사람의 안온함을 보여주는 명장면이다.

트란 안 홍의 다른 영화 〈여름의 수직선에서〉(2000). 알람이 울리고 집안 가득한 햇살에도 잠에 빠진 남녀. 커튼 하나를 사이에 두고 침대를 나눈 남매는 한집에 산다. 벨벳 언더그라운드의 〈Pale Blue Eyes〉가 흘러나오는 공간. 요가로 몸을 푸는 동생과 철봉에 매달린 오빠. 몸에 밴 여유와 느긋함으로 하루를 시작하는 이들의 오늘은 어머니 기일이다. 트란 안 홍의 세 번째 영화 〈여름의 수직선에서〉는 기이한 영화다. 베트남의 더운 날씨와 국지성 호우로는 설명하기 힘든 관계와 정서가 돋보인다. 정오의 나른함으로 시작해 나른하게 끝나는 수미상관의 미장센까지.

영화는 세 자매와 그들의 남자를 둘러싼 이야기로 진행된다. 기혼자와 미혼인 청춘. 현재진행형인 불륜과 과거의 외도. 임신과 근친상간 등 예민하고 불편한 소재가 하노이의 덥고 축축한 도시 정서 속에서 매혹적으로 펼쳐진다. 큰 언니 스옹은 애인이 있고 사진작가인 그의 남편 콕은 결혼 전에 만난 여자와의 사이에 아이가 있다. 현재도 한동안 집을 떠나 그들과 지내다 돌아온다. 둘째 콴의 남편 키엔은 첫 번째 소설의 마무리를 위해 떠난 사이공에서 잠시 한눈을 판다(그러나 아무 일도 일어나지 않는다.) 막내 리엔은 오빠와 같이 살면서 오빠 같은 남자와 결혼하길 원하며 언니의 카페 일을 돕는다. 결론은 이렇다. 이들 세 자매에게 어떤 물리적인 변화도 새로운 환경도 만들어지지 않는다. 극 종반 리엔이 임신을 착각해 호들갑을 떨 때 임신 소식을 전하러 온 콴의 표정은 압권이다. 자신의 임신과 남편에게 여자가 생긴 것 같다는 의심을 동시에 가진 여인의 감정. 부둥켜안은 자매들의 연대. 영화에서 가장 역동적인 장면이다.

〈여름의 수직선에서〉는 대단한 일이 벌어질 듯한 비밀과 배신의 정조로 가득하지만 아무 일도 벌어지지 않는 영화다. 몇 개의 장면을 보자. 하나. 남매는 커튼 하나를 두고 각자의 침대에서 잠을 잔다. 종종 자기 침대로 넘어왔다거나 자다 보니 바꿔서 자게 되었다거나, 바닥에 떨어졌다는 얘기. 말장난이다. 리엔은 사람들이 우리를 연인으로 본다고 장난치며 일부러 그렇게 보이려고 애쓴다. 성인남녀인 남매의 기이한 일상. 정신적 근친상간이다. 그러나 딱 거기까지다. 둘. 리엔은 침대에서, 오빠는 창밖을 보며 담배를 피운다. 왜 담배를 피우냐는 질문에 "비가 오기 때문에 담배를 피운다"고 말하는 오빠와 나란히 담뱃불을 붙이는 리엔. 무척 섹슈얼한 영화적 분위기와 달리 여기서 끝이다. 셋. 스웅과 그의 애인, 콕과 그가 혼전부터 관계해온 여자, 콴의 남편과 204호에 투숙한 여인. 이들 사이에서 일어나는 반복적 감정의 교환과 파동도 늘 일정 지점에서 멈춘다. 습하고 더운 여름, 자매들은 모여서 음식을 준비하고 이야기를 나누고 험담과 고백과 추측을 하지만, 그들 사이엔 아무 일도 일어나지 않는다. 정말로 아무 사건도 벌어지지 않는다.

트란 안 홍은 베트남에서 태어나 여섯 살에 가족과 함께 프랑스로 이주해 성장했다. 그는 프랑스 지배하의 사이공을 배경으로 한 〈그린파파야 향기〉로 세계 영화계에서 주목을 받았다. 두 번째 영화 〈씨클로〉(1995)는 호치민시로 변한 거리의 거칠고 현실적인 이야기로 베니스 영화제 황금사자상을 받는다. 그리고 세 번째 영화 〈여름의 수직선에서〉는 (로저 에버트의 말을 빌리면) 아시아의 러브호텔처럼 보이는 하노이에서 촬영했다. 사이공으로 표기되는 것은 배경이 1975년 이전이라는 추측

인물이 있는 모든 곳에 비가 퍼붓는다.
비가 가진 역할이 특별해 보이진
않는다. 이곳이 베트남이라는 것을
알려줄 따름이다.

도 가능하다. 트란 안 홍은 〈런던 인디펜던트〉의 트레버 존스톤과의 인터뷰에서 "나는 내 영화가 애무하는 것처럼 느껴지길 원했다"라고 말했다. 또 "부부의 정서 문제를 연속으로 제시하고 싶지 않았다"고도 했다. 때문인지 등장인물 모두 문제를 안고 있지만, 정서적 갈등과 불행한 감정으로 파도처럼 밀려왔다 포말로 사라진다. 감독의 의중을 카메라로 옮겨 아름답고 나른한 미장센을 완성한 촬영감독은 마크 리 핑빙이다.

　　〈여름의 수직선에서〉도 비 오는 장면은 딱 한 번 나온다. 리엔이 토안을 찾아다니다가 포기하고 집으로 돌아와 잠들고, 다시 일어나 오빠와 담배를 같이 피우고 씨클로를 타고 돌아올 때까지. 거리에서, 리안의 집에서, 스옹의 카페에서, 골목에서, 인물이 있는 모든 곳에 비가 퍼붓는다. 비가 가진 역할이 특별해 보이진 않는다. 이곳이 베트남이라는 것을 알려줄 따름이다.

　　그러니까 〈여름의 수직선에서〉는 잠자리에서 일어나 몸을 풀고 차를 마시고 담배를 피우고, 친밀함으로 나누는 일상조차 언젠가는 그리워질 거라 말하는 영화다. 만약에 우리가 무언가 행동으로 사건을 만들고 일을 벌였다면 말이다. 문제를 해결하기 위해 불가피한 사건을 만들기도 하지만, 문제를 해결했다고 이전으로 돌아갈 수 있는 건 아니다. 트란 안 홍은 가장 존경하는 감독으로 로베르 브레송을 꼽는다. 사건이 아닌 사건을 유발한 본질에 다가가려 애쓴 것도 같은 맥락일 터. 어쩌면 지

난 시절의 느리고 여유롭고 평화롭던 하노이와 사이공을 기억
하는 트란 안 홍의 방식인지 모르겠다.

(추신)

베트남 영화라고 비 오는 장면이 많을 거란 내 예감은 보
기 좋게 빗나갔다. 트란 안 홍의 영화만이 아니다. 토니 뷔
가 만든 〈쓰리 시즌〉(1999)은 여름을 배경으로 3개의 에피
소드를 다룬다. 매춘부를 사랑한 씨클로 기사 하이와 연꽃
농장에서 일하며 연꽃을 팔고 한센병 시인의 시를 대필하
는 소녀와 만물 상자를 잃어버린 우디와 거리에서 만난 어
린아이의 이야기. 영화에서 비가 내리는 장면은 우디의 에
피소드에만 등장한다(시작부터 끝까지 비가 내린다). 빗속에서
맨발로 축구를 하는 아이들을 잡은 쇼트. 전후 베트남의 척
박한 현실과 거리에 내몰린 아이들의 천진난만함을 대조한
다. 영화에 등장하는 3명의 여성은 어린 여자아이와 그보다
조금 성장한 소녀와 매춘부다. 계급과 가난의 대물림으로
이어질 저개발국가 여성의 현재와 미래가 펼쳐지는 비정한
삽화들이다.

● 그때,
비가 내리지 않았다면

무음으로 영화를 보듯이 비 내리는 장면이 없다고 가정하며 영화를 본다. 〈일대종사〉의 첫 장면을 햇빛 찬란한 사막이라고 가정해보자. 양조위가 발을 스윽 움직이면 모래 먼지가 일어나고 바람이 불어 옷자락이 흔들리는 모습. 이미 〈동사서독〉에서 보여줄 만큼 보여주지 않았나. 무엇보다 30여 명과 결투를 벌이기에 사막은 적합한 장소가 아니다. 흙먼지와 뿌연 모래바람이 미장센을 방해할 것인즉 〈일대종사〉의 오프닝이 빗줄기 퍼붓는 광동 불산의 결투로 시작하는 건 당연하다는 말이다. 혹은 〈안녕, 용문객잔〉이 폭우 속 장면으로 끝나지 않았다면.

만약 그 영화에서 비가 내리지 않았다면, 이야기가 어떻게 전개되었을까. 서사가 완전히 뒤틀리거나 달라지거나. 아니다. 그런 일은 없었을 것이다. 비가 내리고 뒤이어 벌어지는 이야기는 비가 내렸을 때만 실현될 수 있을 테니 말이다. 아무튼 비가 오지 않았더라면, 하는 식의 만약을 상상하게 만드는 영화들이 있다. 예컨대….

〈싸이코〉 1960
알프레드 히치콕

앞을 분간할 수 없을 만큼의 폭우가 아니었다면 자넷 리가 베이츠 모텔로 차를 돌리는 일도 없었을 것이다. 그랬다면 탐정의 죽음도 없고, 지하실에서 베라 마일즈가 암체어를 돌릴 때 백골과 마주하는 희대의 쇼트는 만들어지지도 않았을 게 분명하다.

그러므로 비는 내렸어야 한다. 마땅히 내려야 하는 것이었다. 달리 말하자면, 영화에서 인물의 얼굴은 무엇보다 중요하기 때문이다. 비가 없었다면 나머지 모든 상황은 무의미해질 터였다. 욕조에서 안소니 퍼킨스를 맞닥뜨린 자넷 리가 소스라치게 놀라 비명을 지를 때의 얼굴, 욕실 바닥에 무참히 쓰러져 허공을 주시하는 눈동자로 남은 그 얼굴. 영화 마지막 해골과 오버랩 되며 음산한 미소로 응시하는 안소니 퍼킨스의 섬뜩한 얼굴을, 관객이 잊어서는 안 되니까. 이 모든 쇼트가 존재하기 위해선 비가 내려야 했다.

〈첩혈가두〉 1990
오우삼

1967년 홍콩에서 벌어진 극렬한 시위. 중국에선 문화대혁명이 벌어졌고(허우 샤오시엔 〈쓰리 타임즈〉의 첫 번째 에피소드 '연애몽'과 같은 배경), 좌파 공산주의자와 대학생이 앞장선 시위대의 구호는 '영국을 타도하자. 자유를 돌려달라'였다. 자본주의를 타도하고, 무산계급 세상을 만들자는 구호가 나부끼는 격변의 시대. 피를 나눈 형제보다 더 진한 우정으로 뭉친 세 남자, 아비와 아휘와 아영이다. 장면은 아비의 결혼식 피로연이다. 하객이 하나둘 떠나고 돈을 지불해야 하는데 음식값을 책임진 아휘가 나타나지 않자 아비와 아영은 초조하다. 그 시각, 집문서를 저당 잡혀 돈을 빌렸으나 조폭과 마주쳐 머리가 깨지는 난투극을 벌이면서도 돈을 사수하는 아휘의 머리 위로 비가 쏟아진다. 돈을 지키고 친구와의 약속을 지키고 우정도 지켰다. 자랑스레 돈을 꺼내 흔드는 아휘와 두 친구가 빗속에서 기쁨을 나누는 쇼트는 이 영화를 본 사람이라면 쉽게 잊을 수 없을 것이다. 〈영웅본색〉으로 시작된 홍콩 누아르의 마지막 수작으로 꼽히는 오우삼의 〈첩혈가두〉. 홍콩 누아르는 30년 전 홍콩인들이 그렇게 갈망했던 식민지로부터의 자유와 본토 반환을 코앞에 둔 시기, 즉 가까운 미래에 대한 불안을 담았다. 반면 〈첩혈가두〉는 이전과 달리 과거와 미래 사이에 놓인 현재의 모습을 풀어놓는다. 즉 1990년에 만들어진 영화는 1967년이라는 과거와 1997년 본토 반환 이후 미래의 불안을 모두 담았다. 실제로 2019년 중국공산당이 제정한 송환법에 대항하는 반대 시위가 이어졌다.

세 친구는 혼란한 도시를 떠나 베트남으로 무대를 옮긴다. 그러나 달라진 것은 없다. 미국의 파병으로 전쟁터가 된 베트남이나 홍콩이나 살육의 전장이긴 마찬가지다. 금괴에 눈이 먼 아영의 총에 머리를 다쳐 폐인이 된 아휘를 찾은 아비. 아비가 그의 실낱같은 기억을 되돌릴 때 비가 많이 내렸던 결혼식과 피로연, 뭇매를 맞으면서도 끝내 돈을 지킨 아휘의 사투가 쓸쓸히 지나간다.

빗속에서 함께 기뻐하던 사나이들의 우정을 기억한다. 싱그러운 양조위도 개구쟁이 같은 장학우도 야비하지만 미워할 수 없는 이자웅도 또 양조위의 아름다운 신부 원결영도. 가진 것은 없어도 축하와 기쁨을 나누던 사람들도. 치기 어리고 순진했던 그 시절의 꿈과 가슴 뛴 사랑을. 우리들의 90년대를.

〈더 리더: 책 읽어주는 남자〉 2008
스티븐 달드리

그날 비가 오지 않았더라면, 소년이 비를 맞지 않았더라면, 한나의 집 어귀에서 소년이 추위에 떨지 않았더라면, 한

나의 환대가 아니었다면, 역사적 범죄와 관련한 용서와 단죄에 대한 또 하나의 시선을 만날 수 없었을 것이다. 이를테면 역사의 소용돌이에 발 디딘 나약한 개인을 바라보는 시선은 사람마다 다르기 마련이다. 하지만 설사 그렇다고 해도 그 시대를 살아온 개인의 삶의 가치만큼은 인정해줘야 마땅한 일일 터. 그러나 피해 국가는 지나칠 정도의 민족주의에 매달려 개인을 국가에 복속시키곤 했다. 공적 기록에 사적 기억이 침투할 여지를 주는 순간, 역사적 진실이 훼손될 수 있다고 여겼기 때문일 것이다.

영화 종반, 어린 시절 아우슈비츠에 있었지만 지금은 명사가 된 유태인 여성이 당시 나치에 복무했던 주인공의 유품을 받아든다. 그 표정과 태도가 어찌나 도도하고 당당한지. 하지만 나는 그 지점에서 쾌재를 불렀다. 한때 아우슈비츠 경비원이었던, 안타까울 정도로 무지하고 순진한 어느 여인의 사적 진실과 홀로코스트라는 거대한 역사의 무게가 수평을 이루고 있었기 때문이다. 목숨과도 바꿀 수 없는 사적 비밀과 기억의 가치를 그려낸 〈더 리더: 책 읽어주는 남자〉. 영화는 '다비드별의 눈물이 홀로코스트와 이별을 연습할 때'라고 말하고 있었다. 진실로 그럴 때가 되었다.

〈번지점프를 하다〉 2000
김대승

그날, 그 시각. 비가 내리지 않았더라면, 태희가 인우의 우산 속으로 뛰어들지 않았더라면. 영화의 오프닝은 버스정류장에 선 인우의 우산 속으로 태희가 들어오면서 시작한다. 운명처럼 만난 첫사랑에 대한 처연한 멜로드라마 김대승 감독의 〈번지점프를 하다〉. 인상적인 건 비 오는 밤 인우와 태희가 처음 만난 버스정류장에서 티격태격하는 장면이다. 이 시퀀스는 처음 마스터 쇼트를 롱숏으로 잡아 전체적인 분위기를 보여준 후 두 사람을 숏-리버스 숏으로 잡는 방식으로 처리했다. 공중전화부스가 있는 버스정류장이라는 배경 덕에 곳곳에 조명이 자연스럽게 비췄지만 빗줄기의 양이 일정치 않게 보이는 건 아쉽다. 그럼에도 이 장면이 중요한 건 두 사람이 서로의 마음을 읽었고, 함께 첫날밤을 보내는 것으로 마무리되기 때문이다.

비 오는 장면으로 시작한 영화가 화창한 햇살 아래서 끝나는 건 관객의 감정선을 흔들기 위해서일 것이다. 또는 미완이 될 수도 있는 이야기에 숨결을 불어넣어 따뜻하게 마무리하려는 의도(관객도 그쪽을 원할 테니까)도 포함된다. 〈그리스인 조르바〉는 빗줄기 퍼붓는 피레우스 항구에서 시작해 맑은 하늘이 펼쳐지는 크레타 바닷가에서 끝난다. 〈세상의 중심에서 사랑을 외치다〉 또한 태풍 29호로 인해 많은 비가 내리는 아키의 병실에서 시작해 햇빛 찬란한 호주 울룰루에 사쿠와 리츠코가 함께 선 장면으로 끝난다. 〈번지점프를 하다〉도 마찬가지다. 화창한 뉴질랜드 번지점프장에서 쇼스타코비치의 〈재즈 슈트 2번〉이 울려 퍼지는 가운데 끝을 맺는다.

〈매디슨 카운티의 다리〉 1995
클린트 이스트우드

"이렇게 확실한 감정은 인생에 단 한 번 오는 거라고."

두 사람이 함께한 나흘간의 꿈같은 시간. 1965년 유언장을 집행하기 위해 모인 자녀들이 발견한 엄마의 비밀. 〈매디슨 카운티의 다리〉는 아이오와 특유의 멋진 향기와 비옥하고 살아있는 듯한 광활한 대지 위에서 펼쳐내는 격정 멜로다. 두 사람의 밀회가 아름다운 것은 끝내 영원한 사랑을 택했다는 데 있다.

결혼한 지 얼마나 됐느냐는 질문에 손가락을 꼽아가며 오래됐다고 수줍게 말하는 이탈리아 출신의 시골 주부 프란체스카. 이탈리아 바리를 지나갈 때 너무 아름다워 기차에서 내려 며칠 묵었다고 너스레 떠는 내셔널지오그래픽 사진작가 로버트 킨케이드.

그리고 저녁부터 다음 날까지, 키스에서 섹스로 이어지는 시간을 보낸 두 사람이 주 경계의 재즈바에서 일탈하는 동안 설렘과 불안이 교차하는 시간을 보냈을 프란체스카를 기억한다. 모름지기 에로티시즘이 극대화되기 위해선(이 영화가 에로티시즘의 극치를 보여주려 한 건 아닐지라도) 일상의 건조함과 무료함이 적절히 노출되는 게 우선이다. 목가적 풍경에 익숙한 정주하는 삶이 역동적이고 유목하는 대상을 만났을 때 파문이 이는 건 인지상정일 터. 함께 떠나자는 로버트의 제안에 함께 떠나는 순간 모든 게 사라질 거라는 프란체스카의 대답은 참이다. 둘의 감정과 심경은 그때 그 순간 그 자리, 즉 아이오와의 풍토에서만 가능한 일이었을지 모를 테니까. 당신을 영원히 사랑하면서 당신과 함께한 시간을 영원히 간직할 거라는 심경.

영화 후반, 일상으로 돌아간 프란체스카는 남편과 다운타운에 간다. 남편이 상점에 들어간 사이 차 안에서 기다리는 프란체스카의 시야에 들어온 남자, 로버트 킨케이드다. 먼발치서 빗속을 걸어온 로버트와 그를 확인하고 옅은 미소로 화답하는 프란체스카. 이내 차로 돌아가는 로버트를 보고 그는 더 이상 나를 원하지 않는다고, 그가 너무 쉽게 떠나버린 것 같다고 애통해하는 프란체스카다. 빗속 신호등 앞에 두 대의 차가 나란히 섰을 때, 그러니까 로버트가 아시시 목걸이를 백미러에 걸어놓고 신호가 바뀌었는데도 정지 상태로 프란체스카의 결행을 기다릴 때, 문 손잡이를 돌리며 결행하려는 순간 프란체스카의 눈과 얼굴 근육이 미세하게 떨릴 때, 좌회전하며 빠져나가는 로버트의 차와 미끄러지듯 손잡이에서 내려오는 프란체스카의 손과 절망적 표정. 이 모든 쇼트는 아이오와의 맑은 하늘과 어울리지 않는다. 다만 빗속이라서 슬픔과 안타까운 정조로 빛났다. 자식들에게 남긴 프란체스카의 유언장 마지막 문장은 이렇다.

"행복을 위해 노력하면서 살아라. 세상은 너무 아름답단다."

아이오와 시골길을 차로 달릴 때면 왠지 카멜 담배를 피우고 싶어질지도 모른다. 그 특유의 냄새가 실려 흩어지는 낙타 향을 느껴보고 싶어질지도 모르겠다.

〈클래식〉 2003
곽재용

부모 대에서 이루지 못한 사랑을 자식들이 완성한다는 황당하고 기막힌 서사가 많은 이들에게 눈물과 감동을 안겨준 까닭은 단순하다. 한눈팔지 않고 목적을 위해 선택과 집중을 했기 때문이다. 말하자면 충무로에서 이성을 완전히 배제하고 오직 감성만으로도 흥행할 수 있음을 보여준 영화가 곽재용 감독의 〈클래식〉이다. 영화는 2002년 9월 대전에서 크랭크인하고 12월 전남 목포에서 크랭크업했다.

손예진이 1인 2역을 맡아 엄마 주희와 딸 지혜를 연기하는 〈클래식〉에서 비는 주희과 준하, 두 사람의 운명적 사랑을 열고 닫는 열쇠다. 그러니까 비가 내리지 않았더라면 둘의 인연이 자식에게 이전되는 일은 불가능했을 것이다. 주희와 준하가 귀신 나오는 시골집에 갔다가 늦은 밤까지 함께 있을 수밖에 없었던 것도 낮에 억수같이 내린 비 때문이었다(황순원의《소나기》를 떠올릴 법한 극의 흐름조차 하나도 문제 되지 않는다). 또 지혜가 상민의 본심을 알게 됐을 때 우산을 두고 "비 맞는 사람이 어디 저 하나뿐인가요"라며 용기 낸 지혜의 행동도, 상민이 우산을 둔 채 점퍼로 비를 막으며 도서관까지 함께 달린 행동도, 비가 왔기에 가능한 일이다. 소나기 내린 날 시작된 사랑은 무지개 뜬 강가에서 연인과 작별하지만, 자식들이 못다 이룬 사랑을 완성한다는 판타지에 가히 한국 최고의 멜로드라마라 헌사해도 부끄럽지 않으리라.

데뷔작 제목이 말해주듯 곽재용의 영화에는 비 오는 장면이 어김없이 등장한다. 이복남매의 금기된 사랑과 청춘의 방황을 그린 〈비 오는 날의 수채화〉는 어린 지혜가 우산을 받쳐 들고 고아원에서 입양된 이복오빠 지수를 맞는 장면으로 시작한다. 신학대학생이 된 지수의 윤리적 갈등이 아버지에 대한 반항으로 바뀌는 삽화들, 예컨대 술집 웨이터로 일하며 자신을 나락으로 던지고 호스티스에게 연민을 품는 등의 장치를 통해 초원에서 그림 그리는 지혜의 삶과 대조하며 운명의 비극성을 고조시킨다.

곽재용은 강우기를 27차례 사용했다. 당시 최다 크레인을 동원했다는 소문이 날 정도로 비 오는 장면에 치중했다. 데뷔작이라 하고 싶은 대로 다 해보겠다는 각오로 찍었다고 한다. 〈클래식〉에서 손예진과 조인성이 비를 맞으며 뛰어가는 장면은 〈엽기적인 그녀〉에서 견우와 그녀가 학교 계단을 내려오며 비를 맞는 신의 오마주다.

〈클래식〉에서 가장 유명한 장면, 즉 자전거 탄 풍경의 〈너에게 난 나에게 넌〉이 흐르는 가운데 지혜와 상민이 비를 피하며 도서관까지 함께 뛰어가는 신은 세 개 대학에서 촬영했다. 지혜가 비를 피하는 나무 밑과 상민이 지혜를 발견한 매점은 원광대학교였다. 두 사람이 처음 계단을 내려오는 신은 연세대학교 빌링슬리관에서, 지혜와 상민이 쉬어가는 장소와 상민의 마음을 알게 된 지혜가 홀로 빗속을 뛰어가며 거치는 건물은 연희관과 성암관, 스틸슨관이다. 두 사람이 도착하는 도서관 장면은 경희대학교 서울캠퍼스 중앙도서관에서 촬영했다.

〈엽기적인 그녀〉에서 자신을 찾아올 그녀를 위해 벼락 맞은 느티나무를 다시 심는 견우의 마음, 〈클래식〉에서 자신의 눈이 보이지 않는다는 사실을 주희에게 알리지 않으려는 준하의 마음은 '사랑은 상대방에 대한 배려'라고 정의하는 곽재

비는 주희과 준하,
두 사람의 운명적 사랑을
열고 닫는 열쇠다.

용 감독의 서로 다르면서 같은 버전인 셈이다. 그런 사랑은 촌
스럽지만, 순수하고 클래식하다.

〈기쁜 우리 젊은 날〉 1987
배창호

80~90년대 영화 속 인물이 대학생인 경우 전공을 정
확히 묘사했다. 대학이 지성의 전당이고 깨어 있는 지식인이라
여긴 시절이어서 그랬으리라. 전체의 15퍼센트가 넘지 않는 대
학 진학률도 관련 있을 것이다. 특수계층, 지성인, 미래의 동량.
〈미미와 철수의 청춘스케치〉에서 미미는 영문과, 철수는 신방
과, 보물섬은 법학과로 나온다.

배창호 감독이 연출한 〈기쁜 우리 젊은 날〉의 주혜린
은 연극 주연배우이면서 빼어난 미모로 뭇 남성의 시선을 사로
잡는 영문과 대학생이다. 그를 흠모하는 김영민은 경영학과 학
생이다. 어렵게 시도한 프러포즈로 만남이 이루어지지만 넘을
수 없는 계층의 벽을 절감한다. 소위 시장 상인 아들과 담장 높
은 2층 양옥집 딸이다. 결혼과 미국 이민을 통보하고 떠난 혜린
을 다시 만난 건 비 오는 저녁 전철에서다. 우연히 발견한 혜린
을 쫓아갔으나 동네 슈퍼 앞에서 흘끔 훔쳐볼 수밖에 없는 상황.

결혼에 실패하고 미국에서 돌아온 혜린은 번역회사에

근무 중이다. 혜린의 회사 앞 공중전화부스에서 나올 때까지 기다리겠다는 영민. 그때 마른하늘에서 거짓말처럼 비가 내리기 시작한다. 2층에서 영민을 바라보는 혜린과 꽃다발을 안은 채 공중전화부스 앞에서 요지부동인 영민. 비가 쏟아지자 영민은 꽃을 공중전화부스에 놓은 채 홀로 밖에서 비를 흠뻑 맞는다. 영민의 진심을 확인하고 내려와 영민 앞에 섰을 때 거짓말처럼 그친 비. 다시는 남자를 믿지 않겠다던 혜린의 숙명을 영민의 집념이 돌려세우는 순간이다. 만약 비가 내리지 않았더라면 비를 맞으며 기다리는 영민의 마음을 혜린이 확인할 수 없었을 것이고, 그 폭우 속에 젖지 않은 꽃을 전달하는 감동의 순간을 불러일으킬 수도 없었을 것이다. 살수차를 사용해 촬영한 이 장면은 영화 전체에서 가장 로맨틱하고 따뜻한 정조가 배어 나온다. 유영길 촬영감독의 카메라가 빛나는 장면이다.

(추신)

1. 혜린과 영민이 처음 만날 때 영민은 〈나의 사랑, 나의 신부〉 각본을 보여준다. 동명 제목의 영화를 만든 이명세 감독은 당시 배창호 감독의 조연출이었다.

2. 재회한 두 사람의 덕수궁 데이트 장면에서 나온 "저녁은 근사한 곳으로 모시겠습니다"라는 대사는 훗날 박동훈 감독이 〈전쟁영화〉의 고궁 데이트 장면에 그대로 차용했다.

253

불길하게 퍼붓는
불온한 빗줄기

〈**인정사정 볼 것 없다**〉 1999

이명세

영화평론가 김영진은 〈인정사정 볼 것 없다〉와 〈형사〉
를 '액션이 아니라 무용'이라고 말한다. 무성영화 시대의 활동사
진이 주는 쾌감을 무용 같은 느낌으로 시각적 설계를 했기 때
문에 타의 추종을 불허하는 스타일을 가질 수 있었다는 얘기다.
반면 이명세 감독 자신은 '스타일리시하다'는 세간의 평가에 큰
의미를 두지 않는다. 스타일리시하다는 말 자체에 부정적 의미
가 담겼다는 이유에서다. 알맹이는 없고 겉만 번지르르한, 기교
에 치중하는 스타일리시함과 이명세의 그것은 물론 완전히 다
르다. 많은 후배 감독이 귀감 삼을 만한 영화에의 순수한 열정

과 영화적 쾌감을 향한 끝없는 도전 때문에 이명세의 영화를 스타일리시하다 여기는 건 아닐까. 그 시작은 아마도 〈인정사정 볼 것 없다〉일 것이다. 이명세 최초의 액션 영화.

서부서 강력반 영구가 범인을 일망타진하는(조직폭력배의 구역 쟁탈전을 보는 듯한) 타이틀 시퀀스가 끝나면 그 유명한 40계단 살인사건 신이 이어진다. 깡충깡충 계단을 뛰어 내려오던 아이가 위를 쳐다보면 천둥소리가 들린다. 화면이 바뀌면 아이는 사라졌고 바람에 날리는 은행잎 위로 후두둑 비가 떨어지면서 비지스의 〈Holiday〉 전주가 울려 퍼진다. 안성기의 날랜 손끝에서 사건은 순식간에 벌어진다. 수하들이 나왔을 땐 상황 종료. 계단을 적시는 비와 빗물이 튀어 오르는 바닥에 놓인 피해자의 피 묻은 손가락을 보여준다. 시계는 2시 35분을 가리킨다. 피해자가 연인과 헤어진 시간은 12시 10분 58초. 즉 2시간 25분 동안 벌어진 살인사건을 이명세 감독은 특유의 스타일리시한 영상으로 배치한다.

비 오는 장면은 이후로도 몇 차례 더 등장한다. 탐문수사를 하다 늦은 밤 들른 포장마차에서 형사와 범인이 마주 보고 앉은 쇼트(한쪽은 박중훈과 장동건이고 반대쪽은 안성기와 최지우다). 그리고 클라이맥스. 엄마 빈소에 다녀간 안성기와 뒤를 쫓는 박중훈의 자전거와 자동차 체이싱도 볼만하지만, 백미는 탄광에서 벌어지는 빗속의 혈투신이다.

박중훈이 탄 경찰차 헤드라이트와 안성기의 자전거 라

256

이트가 밤새 퍼붓는 빗줄기를 선명하게 비춘다. 인적 드문 밤의 탄광촌이라는 어두운 분위기에 이보다 적절한 프랙티컬 라이트는 없을 것인즉, 두 사람의 체이싱이 비와 함께 움직인다. 그리고 4분간 이어지는 빗속의 사투는 석탄가루를 뒤집어쓴 둘의 얼굴을 닦아내는 빗줄기처럼 무심하고 기계적으로 반복될 따름이다. 이미 거울이고 짝패가 되어버린 두 사람. 비지스의 〈Holiday〉가 오케스트라 연주로 대미를 장식한다.

영화는 보여주는 게 먼저라고 생각하는 사람이 이명세다. 음악의 핵심은 멜로디인데 멜로디보다 가사에 집중하면서 생각이 많아진다는 것. 그래서인지 형사 스릴러물임에도 잔혹, 폭력, 비장, 잔인함과는 거리가 멀다. 오히려 코믹과 풍자극에 가깝게 묘사했다. 또 두 라이벌의 과거를 소환하면서 관객의 공통적 경험을 환기시키는 장면까지 영화적 쾌감을 선사한다. 달리 보자면 스타일 외엔 아무것도 없이 범인을 찾아다니는 게 전부인 단조로운 서사일지언정, 〈인정사정 볼 것 없다〉는 배우의 몸동작을 보여주는 장르로 액션이 가장 대중과 친화적일 수 있다고 여겨 시도한 장르적 결과물이다.

〈사도〉 2014
이준익

영화는 오프닝부터 강렬하다. 세자가 스스로 짠 관에서 나와 칼을 들고 경희궁으로 향할 때부터, 그러니까 〈사도〉는 불길하고 불온한 기운을 담은 빗속의 발걸음으로 시작한다.

이준익 감독의 영화 〈사도〉의 한 장면. "네가 그따위로 거짓말이나 하니, 가뭄에 시달리는 호남지방에 내려야 할 비가 거룩한 능행길에 내리는 게 아니냐! 너는 숙종대왕릉에 참배할 자격이 없다"라고 말하는 영조. 빗속에서 아버지와 자식이, 왕과 세자가 갈라서는 지점이다. 훗날 세손과 숙종대왕 능행에 나서는 뒤에 올 장면과 대구를 이룬다.

〈사도〉는 헌팅 3일에 콘티 작업 1주일, 테스트 촬영도 없이 프리프로덕션이나 프로덕션 기간이 상당히 짧게 소요된 영화다. 40회차 조금 넘는 촬영으로 영화를 마무리하고 개봉했다. 모든 과정은 일사천리였다. 이준익 감독다운 방식이다.

〈사도〉에서 비는 중요한 장면마다 처연함을 더하는 기제로 사용된다. 예컨대 세자의 궐내 음행을 사주받아 고변한 사건으로 인해 영조와 세자는 돌이킬 수 없는 상황으로 치닫는다. 배후를 밝혀달라고 간청하는 세자에게 영조는 "존재 자체가 역모"라는 끔찍한 말을 퍼부으며 금천교에서 대죄하라 명한다. 폭우가 내리는 금천교 대죄 장면에서 사도세자의 표정에는 분노

258

와 울화와 억울함이 가득하다. 이때 퍼붓는 비는 부자지간의 어긋남을 애통해하는 비다. 뒤이어 1시간 35분이 흐른 지점에서 다시 등장하는 오프닝의 반복. 관에서 나와 토굴 문을 열고는 빗속을 뚫고 경희궁으로 가는 세자다.

세자를 뒤주에 가둔 지 8일째 되는 밤. 뒤주와 마주 선 영조의 독백이다. 영조가 인정전 입구에서 걸어 내려와 뒤주 앞에서 대화를 나누는 신. 김태경 촬영감독은 보슬비 내리는 인정전 앞마당을 판타지처럼 표현했다. 로우 앵글로 시작해 바스트 쇼트를 거쳐 클로즈업까지, 가장 고독한 순간을 맞이한 두 사람이 생의 끝자락에서 속내를 털어놓는다. 따뜻한 눈길과 따뜻한 말 한마디를 기대했던 아들이건만, 이승과 저승의 갈림길에서 비정한 부정은 말이 없다. 48프레임 고속촬영과 스테디캠과 크레인까지 동원된 6분간 이어지는 이 시퀀스는 〈사도〉의 백미다.

〈세븐〉 1995

데이비드 핀처

영화가 시작되면 살인사건이 벌어졌고 비는 진즉부터 내리고 있다. 빛의 마술사 다리우스 콘지가 카메라를 잡은 데이비드 핀처 감독의 〈세븐〉은 시종일관 비가 내리는 회색 도시가 배경이다. 성서 속 7대 죄악이 자행되는 세기말적 기운이 도시를 감싸고, 범인은 언제나 경찰보다 한발 앞선다. 아예 자수를 하며 마지막 죄악을 완성시키려는 천재적 연쇄살인마와 감정이 앞서는 형사의 싸움의 끝은 예견된 거나 다름없다. 그러니까 이 영화는 인간 본성에 관한 이야기다. 인간이 얼마나 나약하며 유혹과 탐욕, 분노에 허술하게 방치된 존재인지 알려주는 보고서다. 단죄받아 마땅한 인간일지언정 그들이 겪는 고통을 오락의 매개로 사용하지 않는 데이비드 핀처의 세심한 연출과 다리우스 콘지의 카메라가 이룬 세기말 역작이다.

오프닝에서 사건 현장 밖으로 나온 서머셋과 밀스를 앙각으로 잡은 쇼트. 빗줄기를 선명하게 보여주려는 다리우스 콘지의 의도였을까. 아니면 35년 경찰 생활 마감을 1주일 앞둔 베테랑과 수사에 의욕 넘치는 5년 차 형사를 한껏 치켜세우고 후반에 참담한 실패로 끝낼 복선이었을까. 어느 쪽이든 두 사람이 길을 걸으며 대화하는 내내 카메라는 앙각을 유지한다.

치밀하고 잘 직조된 미장센으로 일관된 영화지만 무척 경제적인 쇼트도 발견된다. 예컨대 수요일 오전, 밀스가 건물에서 나와 길을 건너 차를 타는 장면. 밀스 뒤편에는 비가 전혀 보이지 않는다. 비는 화면 안에서만, 필요한 곳에만 내리면 된다는 현장의 정설에 완벽하게 부합하는 사례다. 뒤쪽에서 못다 뿌린 비를 보충이라도 하려는 듯 밀스의 차 천정을 때리는 빗줄기 소리가 요란하다.

세 번째 살인이 벌어진 후 서머셋과 밀스가 경찰서에

서 사건에 대해 의견을 교환하는 장면을 보면, 경찰서 천정은 낮고 빽빽하게 달린 형광등이 모두 켜져 있다. 밖은 비가 내리는 흐린 날이니 당연히 불을 켰을 터. 사람들의 심리는 밖이 실내보다 밝을 거란 쪽에 머문다. 서머셋 뒤로 창문이 있다. 창문에는 블라인드가 쳐져 있지만 무척 밝다. 창밖의 현실을 보여주는 대신 오버라이트로 관객의 심리에 부합해버렸다. 현실과 영화적 재현 사이에서 치열한 고민이 있었을 것이다. 〈살인의 추억〉의 김형구 촬영감독이 경찰서 장면을 준비하면서 〈세븐〉의 미장센을 참고했다고 말한 바로 그 쇼트다.

(추신)

1994년 8월 8일. 원작자인 타워레코드 점원 앤드 캐빈 워커가 쓴 시나리오에는 처음부터 비가 내리지 않는다. 서머셋이 공공도서관에 갔을 때 비로소 처음으로 높은 창문을 타고 비가 내린다. 데이비드 핀처는 오컬트적 범죄의 긴장감과 음습한 기운을 위해, 세기말 정서로 뉴욕을 감싸기 위해 처음부터 비를 동원한 건 아닐까.

〈역린〉 2014
이재규

두렵고 불안하여 차라리 살고 싶지 않았다.

_1775년 2월 5일 세손 이산

1771년 7월 28일 정조 1년. 존현각 앞을 메운 시신들이 처절한 싸움을 증언하고 있다. 천둥과 번개가 치는 검은 화면에 이어 정조의 목소리, "과인은 사도세자의 아들이다." 거센 빗줄기로 시작하는 오프닝은 정조가 걸어온 고단한 삶과 지켜야 할 옥좌의 험난한 시간의 축소판이다. 불안과 긴장으로 점철된 정조의 생을 담은 이재규 감독의 〈역린〉. 오프닝은 어둡고 축축하다.

영화는 역모의 하루를 순차적으로 꾸민다. 1시간 47분이 지나 맞는 영화의 클라이맥스. 존현각 대혈투 신이다. 살수들이 지붕에서 내려오고, 맞은편엔 금위영 호위무사가 기다린다. 왕을 참하려는 자와 지키려는 자가 벌이는 사투. 빗속의 살육전은 크레인에 키라이트를 달아 촬영했다. 13분간 벌어지는 이 장대한 전투에서 정조는 살수들로부터 자신과 어머니 혜경궁 홍씨 그리고 보위를 모두 지킨다.

〈로드 투 퍼디션〉처럼 블랙을 많이 쓰면서 역광으로 빗줄기를 살린 건 고낙선 촬영감독의 선택이었고, 결과적으로

거센 빗줄기로 시작하는 오프닝은
정조가 걸어온 고단한 삶과 지켜야 할
옥좌의 험난한 시간의 축소판이다.

좋은 장면을 만들어냈다. 〈역린〉의 오프닝과 클라이맥스는 빗속의 결투신이다. 비를 잘 포착하면서 인물의 스타일을 살린 세련된 카메라 워크가 빛난다.

〈위 오운 더 나잇〉 2007
제임스 그레이

〈위 오운 더 나잇〉의 빗속 체이싱 신은 단조로운 듯 강렬하다. 단 한 번으로도 충분하다. 영화에서 비 내리는 가운데 뉴욕 다리를 건너는 장면은 서사를 뒤집는 기제가 되고, 이때부터 인물의 공과 사는 완전히 뒤바뀐다. 이를테면 한 가족의 삶이 송두리째 재편되는 신이다.

마약 본거지를 찾고 러시아 마피아 두목 바딤은 잡았으나, 신분이 노출돼 증인보호 프로그램에 따라 숨어지내는 바비. 병원으로 후송되던 바딤이 탈출하자 바비와 여자친구는 은신처를 급히 옮긴다. 강우 속에서 진행되는 이동 작전이다. 경찰 차량 3대에 나누어 타고 이동하는데(각각의 차에 아버지와 큰아들과 작은아들 바비가 탑승한다), 억수같이 내리는 비로 인해 시야가 흐리고 속도까지 느린 상황에서 러시아 마피아의 공격을 받는다.

영화 중 비가 내리는 유일한 장면이지만 긴장과 밀도

는 클라이맥스와 맞먹는 무게감을 가진다. 은신하던 호텔에서 나와 마피아의 총격으로 아버지는 사망하고 바비가 오열하는 쇼트까지 제임스 그레이는 쉴 틈 없이 호아킨 피닉스를 몰아붙인다. 바비가 총 맞은 아버지를 향해 외치는 신은 마치 아버지와 불화하고 가족과 소원했던 고해성사처럼 들린다.

보라! 이 따뜻하고 안온한 비 오는 정경을

앞선 챕터에서 거론한 5명의 감독 외에도 비를 멋지게 촬영한 영화는 부지기수다. 지금의 영화 환경으로 보면 비를 찍고 완성하는 것은 대단한 기술이 아니다. 그럼에도 비 내리는 장면이 품은 아날로그 감성은 여전하다. 끝내주는 비 오는 장면을 만들기 위해 20세기 장인들이 사용한 방식을 살펴야 하는 이유다. 비 오는 장면을 잘 찍기로는 일본 니카츠 영화사의 스태프들이 최고다. 대만의 허우 샤오시엔 감독 또한 비 오는 장면에 관한 한 따라올 사람이 없을 만큼 일가를 이뤘다. 한편 채굴업자의 이야기를 그린 영화 〈골드〉에서 내리는 인도네시아의 비는, 악명 높은 스콜과는 거리가 있어 보인다. 탐사 채굴과정의 난관을 돌파하려는 주인공의 고군분투를 보여주기 위한 장치로 지역적 환경을 이용할 요량이었다면 (당연히 그랬겠지만) 비 오는 장면을 좀 더 세밀하게 기획했어야 했다. 요컨대 자연현상을 잘 찍는 것이 진짜로 영화를 잘 만드는 것이다.

프랑스 영화의 비와 독일 영화 속에서 내리는 비와 할리우드 영화가 만들어내는 비는 다르다. 일본과 대만과 동남아시아의 비 또한 다르다. 운이 좋아서 비 내리는 날, 비 오는 장면을 촬영하더라도 그냥 찍어서는 비 오는 효과가 반감될 수밖에 없다. 비를 잘 찍으려면 기술보다 마음이 먼저 움직여야 한다.

〈박사가 사랑한 수식〉 2005
코이즈미 타카시

1975년 봄 코후쿠절 야외가면극을 보러 간 날로부터 10년이 흐른 1985년이 영화의 배경이다. 오프닝에서 등장하는 수학선생 루트의 현재는 그때로부터 19년이 지난 2004년. 영화는 80분간 정확히 1시간 20분 동안만 기억이 지속되는 천재 수학자와 가사도우미 그리고 그녀의 아들 사이에서 벌어지는 드라마를 수학 공식으로 풀어낸다. 내가 이 책을 쓰기로 마음먹게 만든 바로 그 장면이 등장하는 영화 〈박사가 사랑한 수식〉이다.

정원 연못에 봄비가 후두둑 떨어져 제법 세차게 빗소리가 들리는 방안. 책상에선 박사와 루트가 양말과 손수건으로 수학 문제 푸는 데 푹 빠져 있고, 코코는 박사의 셔츠를 다림질

중이다. 이때 스팀에서 피어오르는 수증기. 선명한 빗소리와 숫자의 향연을 지나 마침내 완전수 28이 등장하는 지점, 따분할 수도 있는 숫자놀음이 시가 되는 순간이다.

영화 〈박사가 사랑한 수식〉에서 후카츠 에리가 박사의 셔츠를 다림질할 때 피어오르는 스팀과 비 내리는 창밖 풍경. 습하고 낭만적이며 안온하여 의자에 몸을 깊숙이 파묻어도 좋을 미장센이다. 이처럼 종종 글로 포획할 수 없는 쇼트가 있다.

〈와니와 준하〉 2001
김용균

오프닝은 나뭇가지에 모자가 걸린 아이와 강아지가 집 계단에 걸터앉아 있는 장면이다. 〈와니와 준하〉는 설렘과 비애와 회한이 교차하는 순간마다 비 오는 신을 심었다. 와니의 의붓오빠(자라면서 사랑하는 사이가 되는) 영민이 보육원에서 집으로 오던 날, 우산을 쓰고 아빠와 영민을 기다리는 와니. 와니의 동거남 준하가 쓴 시나리오가 영화사에 매각되던 날에도 비가 내린다. 정점은 준하가 와니의 집을 떠나는 날이다.

비 오는 밤, 꽃을 한 다발 사 들고 온 와니는 집에 들어서자마자 TV 예약 설정이 된 메모지를 발견한다. 이때부터 순차적으로 이어지는 와니의 감정선. 눈물을 글썽이다가 울음을

선명한 빗소리와
숫자의 향연을 지나
마침내 완전수 28이
등장하는 지점,
따분할 수도 있는
숫자놀음이 시가
되는 순간이다.

터뜨리고, 울음을 참으면서 소리 내어 흐느끼기까지. 사랑하는 사람을 밀어낼 수밖에 없는 미안함과 밀려난 사람이 남긴 마지막 배려가 가슴 아프게 다가오는 장면이다. 2분간 롱테이크로 지속되는 이 시퀀스는 연기력을 의심받았던 톱스타 김희선의 연기가 빛나는 순간이다. 거실에 카메라를 고정한 채 탁자에 서서 와니를 롱 쇼트로 잡은 이 신은 오즈의 〈꽁치의 맛〉의 마지막 신을 오마주한 걸로 보인다. 류치 슈가 딸 미치코를 시집 보내고 돌아와 탁자 앞에 앉은 신 말이다. 그래도 충분히 좋다.

〈이웃집 토토로〉 1988
미야자키 하야오

〈이웃집 토토로〉는 도시에서 작은 시골 마을로 온 사츠키와 메이 자매가 시골 숲의 신 토토로를 만나 벌이는 따뜻한 판타지 애니메이션이다. 내용은 간단하다. 어머니의 치료를 위해 도시에서 시골 마을로 온 사츠키와 메이 자매. 집을 청소하던 중 메이는 작은 요정 토토로들을 만난다. 토토로들과 친구가 되며 여러 모험을 하는 사츠키와 메이. 그러다 어머니의 급작스러운 병세 악화로 퇴원이 미뤄지자 메이는 어머니를 만나러 가겠다고 고집을 부리기 시작한다. 메이가 샌들 하나만 두고 실종되자 사츠키는 메이를 찾아달라며 토토로에게 부탁한다.

1988년 개봉 당시 〈이웃집 토토로〉의 흥행은 저조했다. 〈반딧불이의 묘〉와 동시 개봉하면서 두각을 나타내지 못했지만, 뜻밖에도 홍보용으로 만든 토토로 캐릭터가 대박을 친다. 캐릭터와 DVD 등 2차 부가판권 매출로 토토로는 지브리의 대표 상품이 되었고, 여전히 최고의 판매량을 기록하는 캐릭터다. 스튜디오 지브리의 메인 모델도 토토로다.

영화에서 최고의 장면은 사츠키와 메이가 아빠를 기다리는 버스정류장 신이다. 시골 숲속 버스정류장에 외로운 가로등 아래 선 사츠키와 메이. 쉼 없이 내리는 빗줄기와 간이정류장 표지판과 가로등이 시대의 정취를 말해준다. 빨강색 우산을 쓰고 아빠를 기다리는 사츠키와 빨간 장화를 신은 메이. 졸음을 못 견디는 메이를 업은 사츠키를 잡은 부감 쇼트. 이때 갓등을 타고 흘러내리는 빗방울까지 표현한 디테일은(갓등의 광원으로 인해 더 선명하게 보이는 상식을 놓치지 않은) 왜 지브리인지를 말해준다. 그 순간 처벅처벅 소리와 함께 나타나는 토토로. 토토로가 사츠키 앞에 처음 등장하는 신은 그야말로 영화사에 길이 남을 한 장면이다.

작은 나뭇잎 한 장으로 비를 피하면서 깡충깡충 공중부양을 시도하다 옆구리를 긁는 우스꽝스러운 토토로. 수줍은 표정의 듬직한 이 녀석을 어찌 사랑하지 않을 수 있겠는가. 사츠키가 건넨 우산을 든 토토로와 자매가 표지판 옆에 나란히 선 밤. 따뜻하고 안온함이 가득 밴 그 숲속의 정경을 기억하라.

500야드를
기어간 사나이

존 휴스턴의 괴작 〈왕이 되려던 사나이〉에서 다니엘의 최후는 이렇다.

"다니엘은 거의 2만 마일이나 떨어져서 죽었다네. 30분이 지나서야 몸이 바위에 부딪히는 소리가 들렸지."

2만 마일이면 32만 186킬로미터쯤 된다. 지구 직경이 1만 2,800킬로미터이니 다니엘은 지구를 뚫고 나아가 우주로 떨어져 죽었다는 얘기다. 그 웅장한 상상력에 혀를 내두를 지경이다. 존 휴스턴에는 못 미칠지라도 프랭크 다라본트도 대단한 상상력으로 필사의 탈출을 찬양한다. 역작 〈쇼생크 탈출〉에서 말이다.

영화 속 비 오는 장면을 애기할 때 많은 이가 〈쇼생크 탈출〉에서 앤디 듀프레인의 탈옥 시퀀스를 떠올릴 것이다. 20년의 수감생활과 비교해 싱겁게 성공했다 치더라도 앤디의 탈옥은 무척 명시적이다. 그러니까 이 장면에서 동료 레드의 술회는 이렇다.

"앤디는 자유를 향해 상상도 못 할 정도의 악취가 나는 오물 속으로 500야드를 기어갔다. 500야드, 미식축구장 다섯 개의 길이다. 반 마일 조금 못 되는 거리다."

악취와 오물과 사투를 벌이며 무려 반 마일 거리의 하수구를 빠져나왔을 때 번개와 천둥이 앤디를 반긴다. 웃통을 벗고 비가 쏟아지는 하늘을 향해 팔을 벌리는 앤디. 그의 표정은 희열과 쾌락과 환희, 그 어떤 문자로도 다 표현할 수 없는 극락이다. 앤디가 자유임을 보여주는 순간의 정점에서 로저 디킨스의 카메라가 빛을 발한다. 즉 빛과 그림자를 능수능란하게 사용하며(교도소 장면도 창살과 인물이 겹치도록 빛과 그림자를 이용해 소외와 절망을 포착한다) 심도 깊은 미장센을 만들어온 그는 부감 쇼트로 잡은 앤디 주위의 수로와 그 위로 쏟아지는 빗줄기를 선명하게 보이도록 조도를 높인다. 번개가 번쩍여 대낮처럼 환한 수로에서 포효하는 앤디와 내리는 빗줄기가 선명할 때, 자유는 그렇게 하늘로부터 내려오고 있었다.

미식축구장 다섯 개 길이를 포복으로 기어간 사나이. 앤디는 삶을 즐길 자격이 충분히 있다. 그러니 당신의 뇌리에 남는 그 장면을 위해 500야드를 기어간 사나이를 기억하라!

● 비는 한 방울도
내리지 않았다

"혁명가들은 모두 낭만주의자예요."

맞다. 덧붙이자면 낙관주의자이기도 하다. 사태가 폭발적으로 돌아간다고 의심된다는 프랑스 외신기자의 우려에, 부르주아와 파시스트들은 칠레 계급투쟁을 더 높은 온도로, 즉 녹는점까지 끌어올리려 한다며 낙관적 전망을 내놓는 인물. 그는 칠레 대통령의 최측근이며 친구이자 동지다.

시간을 되돌려 1970년 9월 4일. 칠레 대통령 선거일 밤이다. 민중연합 후보 살바도르 아옌데의 당선이 확실시되는 가운데 내무부장관은 선거 결과 발표를 미적댄다. 그 시각, 부르주아와 중산층에 기반을 둔 기독민주연맹 출신 현직 대통령은 선거 이후의 음모를 측근에게 설명한다. 선거 결과를 인정하는

것과 나라를 공산주의자에게 넘기는 것은 완전히 별개의 문제
라는 것. 즉 잠시 외국으로 나갔다가 국민의 불만이 확산되어
군부가 움직여 사태를 정리하면(쿠데타가 완성되면) 다시 들어와
정국을 안정시킬 거라고. 다시 확인하자. 대통령 선거일에 현직
대통령의 입에서 흘러나온 이야기다. 그로부터 3년이 흐른 9월
에도 좌파 정부 인사들은 민중의 힘을 과도하게 믿었다. 확실하
게 믿을 건 그것밖에 없었는지도 모른다.

바다 위 군함으로부터 신호를 받은 해군기지 장교가
어디론가 전화를 건다. 이윽고 탱크와 기갑부대가 출동한다. 영
광스러운 칠레 역사를 쓸 준비가 되었냐는 반란군 지휘관의 일
성으로 시작하는 타이틀 시퀀스. 1975년 헬비오 소토 감독의
〈산티아고에 비가 내린다〉이다.

1973년 9월 11일 새벽 5시. 벨파라이소 주둔 함대는
미해군과의 합동훈련을 중지하고 귀환한다. 칠레 전역의 날씨
는 쾌청하다. 그때 라디오에서 흘러나온 해괴한 일기예보.

"유쾌한 날입니다. 봄이 가까운 때라 이상하게 들릴지
모르지만, 산티아고와 이스터섬에 비가 내릴 것 같지 않나요?
네, 실제로 산티아고와 이스터섬에 비가 내리고 있습니다."

키신저를 비롯한 미국 정부와 CIA의 지원을 받는 피
노체트와 군부 세력이 쿠데타를 일으켰다. '산티아고에 비가 내

린다'는 쿠데타를 알리는 시그널이자 암호명이며 진군나팔이었다. 외부의 큰 저항 없이 대통령궁까지 진군한 반란군은 대통령과 측근의 격렬한 저항에 부딪힌다. 그러나 공중폭격으로 전열이 흐트러지고 잇단 포격에 대통령궁이 파괴된다. 민중의 지도자 살바도르 아옌데가 무너지는 순간에도 라디오에선 일기예보가 계속된다. 여전히 산티아고에 폭우가 내리고 있습니다, 라고.

1970년대 당시 칠레는 세계 최대의 노천 구리광산 보유국이었다. 세계 최대의 지하 구리광산도 갖고 있었다. 미국 기업은 칠레를 42년간 착취했다. 그들이 처음 투자한 금액은 2천만 달러였으나 칠레에서 거둬드린 수익은 42억 달러에 달했다. 아옌데와 민중연합은 가난의 고리를 끊기 위해 국유화를 단행한다. 칠레의 부가 칠레 민중에게 돌아가는 것을 보장해주는 유일한 방법이기 때문이다. 이 정책에 기득권과 파시스트가 동조할 리 없다. 아옌데가 미국 기업에 눈엣가시인 까닭이다. 영화의 마지막, 피노체트는 민영화를 통해 주민에게 이익을 돌려주겠다고 말하지만 실은 미국 기업의 배를 불리는 일이다. 원래 주인은 미국이라는 기만적 언술일 뿐이다.

제국주의와 손잡은 기득권과 중산층의 반란이 아옌데 정부의 발목을 잡았다. 가진 자들은 매점매석과 파업과 태업으로 아옌데 정권에 대항한다. 봉쇄와 보이콧과 사재기가 횡횡한다. 우유가 모자라고 소고기를 본 지 오래되었다. 부르주아의 불만(의도되고 기획된 결과)이 거세다. 트럭조합의 파업을 필두로

소매상인이 철수하고 가게와 식당이 휴업하며 슈퍼와 주유소는 문을 닫기로 한다. 쿠데타에 앞장선 자본가는 "아무 걱정하지 마라. 6개월도 버틸 수 있는 충분한 현금이 확보되어 있다"고 말한다. 민중혁명의 햇살도 잠시, 기어이 비를 뿌려 과거로 회귀할 때 칠레의 민주주의는 종말을 맞고 있었다.

영화는 드라마틱한 장면 하나 없이 밋밋한 전투신과 정치 노선에 대한 각각의 입장을 적절히 섞었다. 역사의 큰 줄기를 따라가는 장구한 서사 대신 군부 쿠데타 배경과 기득권의 기원을 따라가는 데 집중한다. 일관성 없는 플래시백으로 아옌데의 비중은 줄어들고 반대 세력의 그럴싸한 명분에 힘이 실린다. 역사의 그날을 스펙터클하게 조망하지 않고 끝내 아옌데의 얼굴을 보여주지 않는 미장센에도 불구하고 쿠데타를 바라보는 감독의 시각은 모호하다. 다시 말해, 헬비오 소토가 만든 영화에는 피노체트 군부에 대한 강력한 고발 의지도, 강한 응징의 시도도, 그 어떤 분노도 엿보이지 않는다. 모든 힘은 민중, 즉 국민에서 나온다는 단조로운 진리에 대한 소심한 동조에 그친다.

피노체트와 쿠데타 주역이 기자회견을 하는 시퀀스의 끝은 노벨문학상 수상자 파블로 네루다의 사망 소식이다. 영화는 네루다의 산티아고 집 라 차스코나에 모인 사람들을 비추고, 그를 추모하는 시 낭송으로 이어지다가 운구 행렬로 끝난다. 위대한 시인의 죽음을 추모하며 울분과 슬픔으로 행렬을 뒤따르는 군중들의 외침이 스크린을 뒤덮는다.

"네루다 동지! 이제도… 그리고 언제나 우리와 함께!

동지 살바도르 아옌데! 대통령! 이제도… 그리고 언제나 우리와 함께!

칠레의 민중이여! 이제도… 그리고 언제나 우리와 함께!"

아옌데가 대통령궁에서 최후를 맞이한 지 12일이 지난 1973년 9월 23일. 위대한 시인 파블로 네루다가 산타마리아 병원에서 외로운 최후를 맞는다. 시신은 라 차스코나 집으로 옮겼지만 우파 과격주의자들이 난입해 가구와 집기를 부순 뒤다. 작별 인사를 하기 위해 찾은 지인들은 좀 더 편안한 곳으로 모시자고 제안했지만 미망인 마틸데는 거부한다. 평생 시를 쓰고 정의를 부르짖은 시인의 마지막 가는 길이 얼마나 참담했는지 역사가 기억해야 한다는 이유에서다. 이슬라 네그라에 묻히길 소망한 시인의 소원은 군정부에 의해 무시당했고, 유해는 산티아고 집과 가까운 공동묘지에 묻혔다. 마지막 가는 길에 동행한 지인과 시민들, 그들의 행렬을 군인들이 감시했다. 네루다의 장례식은 쿠데타 이후 최초의 항의 시위였다.

착취와 억압당하는 사람 없는 세상을 꿈꾼 이상이 물거품이 된 그날. 1973년 9월 11일 산티아고에, 비는 한 방울도 내리지 않았다.

비, 그치다

영화가 먹고사는 일이 된 지 22년이 흘렀다. 무수한 영화에서 다양한 종류의 비를 눈여겨보았다. 비가 흩뿌린 분위기에 젖었다는 표현이 맞을 것이다. 비는 항상 나의 관심사였고 책으로 엮을 만한 소재라는 확신도 있었다. 그러나 막상 글을 시작하면서 내가 얼마나 무지한 인간인지 절감했다. 공부하고 영화를 되돌려보고 또 공부하기를 1년여. 혼신의 힘을 다해 그러나 즐겁게 몰입한 시간이었다. 이전까지는 책을 한 권 끝낼 때마다 왠지 모를 아쉬움으로 가득했으나, 이번에는 한 줌 후회가 없다. 후회할 기운조차 남지 않았다. 미력하나마 내 한계치까지 소진시켰기 때문일 터. 내가 선별하여 직조한 비와 영화 이야기에 독자들이 얼마나 호응해줄지, 다만 그것이 두렵고 설렐 따름이다.

이 책은 구로사와 아키라의 〈라쇼몽〉으로 시작해 코이즈미 타카시의 〈비 그치다〉로 끝난다. 야마모토 슈고로의 단편을 영화로 만든 〈비 그치다〉는 위대한 감독 구로사와 아키라에게 헌정하는 작품이다. 구로사와가 생의 마지막까지 붙들고 손질한 각본이었는데 그 옆을 지킨 조감독 코이즈미가 유지를 이은 것이다. 프롤로그에서 언급했듯 이 책을 쓰게 만든 두 편의 영화가 〈7인의 사무라이〉와 〈박사가 사랑한 수식〉이고, 두 영화의 감독이 구로사와 아키라와 코이즈미 타카시라는 점은 절묘하고 적절하다. 〈비 그치다〉에는 거장의 사진과 처마와 지붕을 때리는 거센 빗줄기의 오프닝까지, 화면 곳곳에 구로사와의 인장이 새겨져 있다. '지금까지의 비는 모두 그쳤으니까 이 비도 언젠가 그칠 것'이라는 사무라이의 낙관주의와 선의는 비가 그침과 동시에 그의 불운한 삶도 종지부를 찍을 거란 기대를 품게 만든다. 이것이야말로 책의 첫 장에서 언급한 천둥이 치고 비가 퍼붓는다 해도 변하지 않는 세상을 염려하던 구로사와에게 보내는 진정한 헌사가 아닐까.

글을 갈무리하던 2022년 여름, 비는 불공평하게 내렸다. 서울과 수도권에 많은 비가 내린 것과는 달리 내가 사는 도시에는 비와 관련한 뉴스가 적었다. 철저한 대비로 재해를 예방하자는 안내가 전부였다. 하지만 워낙 땅덩어리가 작은 나라여서 그런지 내가 있는 동네에도 간간이 비가 내렸고, 나는 그 틈을 헤집고 원고를 마무리했다. 다음 날 아침.

간단하게 배낭을 챙겨 101번 버스를 탔다. 팔공산 파계사까지 가는 시내버스다. 긴 가뭄을 달래주듯 많은 비가 내렸다. 버스에서 내리자마자 베토벤 7번 교향곡 2악장을 찾았다. 카를로스 클라이버와 빈 필하모니의 명연이다. 홍상수의 〈누구의 딸도 아닌 해원〉에서 이선균과 정은채가 남한산성 수어장대에 걸터앉아 듣던 곡. 비가 내리는 산길을 걸을 때 이보다 더 좋은 선택이 있는지 나는 알지 못한다. 천천히 걸어서 산문을 통과했다. 매번 매표소 앞에서 발길을 되돌리곤 했는데 이번엔 높은 곳까지 올라가 보고 싶었다. 고도가 높을수록 비가 많이 올 거란 막연한 기대감 때문이다. 기대는 현실이 되었고 발걸음을 뗄수록 내리는 비의 양은 많아졌다. 우산으로 감당하지 못할 만큼의 비가 쏟아졌다. 이끼와 나뭇잎이 뒤섞인 특유의 비 냄새를 흠뻑 맡았다. 비 그친 길을 경쾌하게 내려왔다. 비 냄새가 내내 뒤따랐다. 〈비 그치다〉의 지혜로운 아내의 목소리도 동행했다. "이대로의 당신도 훌륭합니다."

이제 영화와 책과 컴퓨터 사이에서 허둥대던 모습과 헤어질 시간이다. 꿋꿋하게 빗속을 달려와 마침표를 찍은 나 자신을 칭찬하고 싶다. 습하고 축축한 아열대성 기후에서 빠져나온 기분이다.

마침내! 나의 네 번째 책이 끝났다.

로스 로웰, 《영상 조명 강의》, 허인영·형대조 옮김, 책과길, 2009

구로사와 아키라, 《구로사와 아키라: 자서전 비슷한 것》, 김경남 옮김, 모비딕, 2014

김재훈, 《친애하는 20세기》, 휴머니스트, 2021

폴 M. 새먼, 《퓨처 누아르: 블레이드 러너 제작기》, 오세원·김정대 옮김, 정원출판사, 2019

이찬웅, 《들뢰즈, 괴물의 사유》, 이학사, 2020

(사)한국영화촬영감독조합, 《한국의 촬영감독들: 21인과의 인터뷰》, 미메시스, 2016

정성일·정우열, 《언젠가 세상은 영화가 될 것이다》, 바다출판사, 2010

김해동, 《기후위기 과학특강: 도와줘요 기후 박사!》, 한티재, 2021

크리스토프 드뢰서·예르크 카헬만, 《일기예보, 믿을까 말까?》, 유영미 옮김, 뜨인돌, 2010

시어도어 C. 듀머스, 《내일은 못 먹을지도 몰라》, 정미진 옮김, 롤러코스터, 2021

김해동, 《내일 날씨, 어떻습니까?》, 한티재, 2021

한재각, 《기후정의》, 한티재, 2021

지승호, 《영화, 감독을 말하다》, 수다, 2007

강성률, 《한국의 영화감독 4인을 말하다》, 본북스, 2015

이상용, 《봉준호의 영화언어》, 난다, 2021

데이비드 톰슨, 《할리우드 영화사》, 이상근 옮김, 까치, 2007

지승호, 《감독, 열정을 말하다》, 수다, 2006

인디컴 시네마 기획, 김영석 외 3인, 《시네마공장의 희망: 한국영화 길을 나서다》, 한길사, 2007

박종호, 〈촬영감독 콘래드 홀에 대한 연구〉, 한국영화학회, 2004

기술적이고 예술적이며 마술적인 영화 속 비의 풍경

호우시절

발행일 2022년 12월 1일

지은이 백정우

펴낸이 박상욱
펴낸곳 도서출판 피서산장
등록번호 제 2022-000002호
주소 대구시 중구 이천로 222-51
전화 070-7464-0798
팩스 0504-260-2787
메일 badakin@daum.net

출판기획 이향숙
책임편집 장문정
디자인 열두시반

ISBN 979-11-92809-00-7 03680